洪培生　摄

章太炎讲述系列

章太炎讲经学

赵四方——编

上海人民出版社

目　录

导　言

　　20世纪初以降，伴随着经学的式微以及传统学术向近现代学科体系的转型，知识界对经学进行了重新定位。传统所言"经为常道"的观念渐趋衰歇，取而代之的则是"以史观经"的眼光与立场。倘若我们回顾经学在20世纪走过的历程，便不得不承认存在一个由经学到经学史研究的全面转向。作为这一过程中的关键人物，章太炎的经学观在很多方面都具有独特的地位与影响。本文对这一问题的若干面向试做梳理，以供读者参考。

一

　　在《汉书·艺文志》中，《乐》《诗》《礼》《书》与《春秋》被认为是"五常之道"，五者"相须而备，而《易》为之原"。①这与《白虎通》"经，常也"的训释是相通的。由汉至清，尽管经学内部存在今文、古文等派别之争，但经的恒常性与真理性却是学者间的一大共识。两千年间所产生的大量经学著作，在某种意义上都可以被视作经典本身在不同时空下的显现，各派学者具体的解经观点容有不同，但其目标都是通向经典本身。

---

　　①　班固：《汉书》卷三十《艺文志》，北京：中华书局，2000年，第1364页。

早年的章太炎同样也致力于解经。他师从俞樾，虽然对今文经学的观点偶有采择，但在学术倾向上无疑属于古文经学一脉。从《春秋左传读》到《膏兰室札记》《诂经札记》，再到《七略别录佚文征》，其学术方法与精神可以说都未摆脱乾嘉以来的影响。但从经学角度而言，章太炎之所以卓立于清末学界，主要并不在于考据的精深，而是在于从具体考据中超拔出来，对经与经学本身开始了系统化的反思。

在《国故论衡》中，章太炎指出"经者，编丝缀属之称"，① 并胪列先秦多种典籍，以证明经是一切书籍的通称。直至晚年，章氏仍说"经之训常，乃后起之义"，经原本也就是"线装书"而已。②有关经的这一早期意涵，此前已有学者注意到。例如清代中叶的段玉裁在解释"经"字时就说"织之从丝谓之经"，但其下文即言："必先有经而后有纬，是故三纲、五常、六艺谓之天地之常经。"③ 仍然是在经学的意义上理解该字。而章太炎观点的独特之处就在于，不仅将六经等视于先秦其他诸书，而且试图以经的文字学意义消解其常道意义。此后民国知识界一大批人士反对读经的理由之一，便是章氏的这一"经为通名"说。既然经字本身并无神圣性可言，那么经的恒常性与真理性也理应被怀疑乃至褫夺。

与对字义的追本溯源相一致，章太炎对六经的看法同样是采取了历史的眼光。他常常称道章学诚的"六经皆史"之说，但却并不强调

① 章太炎：《章太炎全集·国故论衡（校定本）》，上海：上海人民出版社，2017年，第224页。《国故论衡》先校本同。
② 章太炎：《经学略说》，《章太炎全集·演讲集》，上海：上海人民出版社，2015年，第871页。
③ 许慎撰，段玉裁注：《说文解字注》第十三篇上，许惟贤整理，南京：凤凰出版社，2007年，第1120页。

六经在章学诚那里作为"先王之政典"的意义，而将它们视为上古三代的历史陈迹。章太炎认为："《尚书》《春秋》固然是史，《诗经》也记王朝列国的政治，《礼》《乐》都是周朝的法制，这不是史，又是甚么东西？……《易经》原是卜筮的书。古来太史和卜筮测天的官，都算一类，所以《易经》也是史。"① 经过这样的解释，六经就不再是为后世所效仿的"政典"，其功能主要在于反映某一具体时空的历史样貌。也正是因此，章太炎提出："我们要人看经典，是使人增长历史的知识，用意在开通人。"又说："若怕人说经典没用，就要废绝，也只要问那个人，历史还有用么？如果他说有用，那么经典是最初的历史，怎么可以废得！"② 六经成了历史知识的来源和历史研究的对象，而更重要的是，它们因此还被剥夺了从中研求义理的可能。以章太炎之见，在作为"主观之学"的诸子学对比下，经学只是纯粹的"客观之学"，"惟是考其典章制度与其事迹而已，其是非且勿论也"。③

推原章太炎之本意，乃是为了反对晚清今文经学家视六经为圣典，视孔子为教主的观念与做法。但这种"以史观经"的眼光却将六经与史书完全等同起来，④ 六经丧失了传统语境中那种"垂型万世"的价值与地位，而经学作为一种学术部类的合理性也已然岌岌可危。需要注意的是，在章太炎毕生的论学体系中，经学这一类别自始至终

① 章太炎：《经的大意》，《章太炎全集·演讲集》，第99—100页。
② 章太炎：《经的大意》，《章太炎全集·演讲集》，第103、105页。
③ 章太炎：《论诸子学》，《章太炎全集·演讲集》，第49页。
④ "以史观经"语出李源澄。李氏在《章太炎先生学术述要》中说："先生以史观经，而明于古代之政术。"见林庆彰、蒋秋华主编：《李源澄著作集》第3册，台北："中央研究院"中国文哲研究所，2008年，第1462页。

都是存在的。从《国学概论》到《经学略说》，与经学相对待的至少有哲学（诸子学）、文学、史学、小学等。这表明即使是在民国初年经学的学科属性被取消后，章太炎依旧秉承了传统知识体系的基本架构。这与下一辈学者以西学为底色，从而纯粹以史料看待六经的立场还是有着本质区别的。

　　整理国故运动发生以后，在章太炎"以史观经"的思路下，"六经皆史"说再度呈现新的变化。活跃于民国学术界的胡适、顾颉刚、周予同、范文澜等学者，虽然有着不同的学术倾向，但有一点却是相通的，那就是主张"六经皆史"应当再度"进步"为"六经皆史料"。其中最具代表性的当属以经学史研究自任的周予同，他说："我们不仅将经分隶于史，而且要明白地主张'六经皆史料'说。……中国经学研究的现阶级是在不循情地消灭经学，是在用正确的史学来统一经学。"①章太炎的"以史观经"，在周予同这里催生的却是"经隶于史"，经学完全成了史学研究的一个分支。如果说经学在章太炎那里还足以构成一个独立的学术整体，在其晚年还发挥着巩固民族精神的功能，那么，周予同等学者所理解的经学则只是中国历史上与哲学、思想、文化相关的一种特定研究对象，而研究经学史的出发点则在于彻底消灭经学。

　　因而，不论是胡适所概括的"（六经皆史）其实只是说经部中有许多史料"，② 还是范文澜所认为的"经本是古代史料"，③ 抑或是吕

① 周予同：《治经与治史》，朱维铮编：《周予同经学史论著选集》，上海：上海人民出版社，1996 年，第 622—623 页。
② 胡适：《章实斋先生年谱》，《胡适全集》第 19 卷，合肥：安徽教育出版社，2003 年，第 145 页。
③ 范文澜：《中国经学史的演变》，《范文澜全集》第 10 卷，石家庄：河北教育出版社，2002 年，第 45 页。

思勉所主张的"研究古史必由经学中裁取材料",① 等等,都代表了20世纪很长一段时间对经的基本认识。也正是由于这样的定位,这百年间援据经典以充史料的研究比比皆是,但真正意义上的经学研究并不多见。20世纪中叶以后,如熊十力那样在"经为常道,不可不读"意义上提倡读经的学者,愈来愈显得寥若晨星。而在普通知识界那里,经典已经难以同当下的世界与生活发生实质性关联。这一局面延续至今,在很大程度上仍然限制着我们对传统知识体系的理解,同时也阻碍着我们对传统经学的接纳、传承与开新。②

二

前文已述及,章太炎认为六经的主要功能在于保存上古的史迹,这势必带来对孔子认知和定位的显著变化。在早年的章太炎看来,孔子只是旧经籍的整理者与传承者,学问远远不及孟、荀,其地位应当置于左丘明、司马迁父子、刘歆的史家线索中来理解。章太炎说:"孔子删定六经,与太史公、班孟坚辈,初无高下。"③ 又说:"孔子死,名实足以伉者,汉之刘歆。"④基于此,他对孔子的总体评价是

---

① 吕思勉:《整理旧籍之方法》,《吕思勉论学丛稿》,上海:上海古籍出版社,2020年,第485页。

② 业师邓秉元先生提出:"经学是传统中国知识体系的基石,它为传统中国人理解宇宙人生提供基本视角,并支撑着不同时代的各种意识形态。"这是近来学界从知识体系角度对经学进行界定的代表论断,对经学及其历史的研究具有重要的借鉴意义。参邓秉元:《新文化运动百年祭——兼论周予同与20世纪的经学史研究》,《新文化运动百年祭》,上海:上海人民出版社,2019年,第28页。

③ 章太炎:《论诸子学》,《章太炎全集·演讲集》,第49页。

④ 章太炎:《章太炎全集·訄书(重订本)》,上海:上海人民出版社,2014年,第133页。

"古良史也"。

　　显然，这与传统经学对孔子的认识有着天壤之别。我们知道，在汉代经学家那里，孔子被理解成为汉代制法的"素王"。由两汉至明清，孔子所受官方封号变动不居，但在学者眼中"圣人"的形象却大体一致，这由司马迁称孔子为"至圣"，四库馆臣强调"经禀圣裁"可见一斑。降至晚清，以《公羊》学为核心的今文经学复兴，孔子的"素王"地位再次被强调。常州学派的宋翔凤尤其提倡此义，此后的皮锡瑞、廖平、康有为也都反复申说。在康有为等人的大力宣扬下，孔子几乎升格为国教"教主"，传统经学展现出强烈的宗教化倾向。

　　秉持古文立场的章太炎对晚清的今文经学素多不满。他将六经视为史籍，将孔子视为良史，其实就是以历史学学统来抗衡具有宗教化倾向的今文经学。[①] 与康有为等人截然相反，章太炎尤为警惕经学的宗教化与孔子的教主化。在章氏看来，孔子最主要的历史功绩之一在于"变禨祥神怪之说而务人事"，[②] 即从原始宗教的泥潭中解脱出来，将思想的关切点放在了人本身。因此，孔子并不是一位宗教家，后世以宗教的态度对待孔子根本就是缘木求鱼。章氏从清代苏常诸儒的杂采纬书、喜言明堂阴阳中，也敏锐地觉察出了宗教迷信的气息，应当说就是这种思想在起作用。他所着力复原的，是历史上那位作为"人"而不是被后世赋予了各种神圣名号的孔子。此后，不论是顾颉刚《春秋时代的孔子和汉代的孔子》，还是周予同《纬谶中的孔圣与

---

　　① 　参刘巍：《中国学术之近代命运》，北京：北京师范大学出版社，2013 年，第143 页。

　　② 　章太炎：《论诸子学》，《章太炎全集·演讲集》，第 53 页。

他的门徒》等文，都是在这种思路下的进一步探索。

然而，尽管章氏将孔子视为"良史"乃有为而发，无形中却透露出他此时对孔子的基本观感。以章氏之见，删定六经的孔子只是"商订历史之孔子"，《论语》《孝经》中的孔子则是"从事教育之孔子"，[①] 孔子此处的身份并不是垂教万世的圣人，而是一位记述历史因革的史家与教导弟子的教育家，其中前者与章太炎"以史观经"的立场是完全契合的。但这样一来，孔子在经学上的地位几乎完全被颠覆了。学界常引许之衡的如下记述："（章氏）以孔子下比刘歆，而孔子遂大失其价值，一时群言，多攻孔子矣。"[②] 而傅斯年在十余年后回顾说："中国人的思想到了这时期，已经把'孔子即真理'一条信条摇动了，已经临于绝境，必须有急转直下的趋向了。"[③] 章太炎将孔子定位为史家与教育家，还原的是具体历史时空中的孔子，消解的则是经学意义上与"道"相应的孔子。近来有学者总结，章太炎的孔子观乃是"以历史瓦解价值"，[④] 可以说是颇中肯綮的。

从此后学术的发展态势来看，孔子作为"良史"的形象并未被普遍接受，而"从事教育之孔子"的形象则日益深入人心。应当指出，"良史"定位的一大前提在于，孔子作为历史商订者与文献整理者实际参与了六经的定型。但 1923 年钱玄同提出"六经与孔子无关论"

---

① 章太炎：《论诸子学》，《章太炎全集·演讲集》，第 51 页。

② 许之衡：《读"国粹学报"感言》，原载《国粹学报》第 6 期，1905 年 7 月。此据张枏、王忍之主编：《辛亥革命前十年间时论选集》第二卷，三联书店，1963 年，第 46 页。

③ 傅斯年：《清代学问的门径书几种》，朱正编注：《傅斯年集》，广州：花城出版社，2010 年，第 60 页。

④ 参陈壁生：《经学的瓦解：从"以经为纲"到"以史为本"》，上海：华东师范大学出版社，2014 年，第 40—51 页。

之后，这一前提发生根本动摇。此后周予同在《孔子》一书中便不再把孔子视作史家，转而强调教育家、政治思想家、伦理学家三个身份。① 与此同时，和六经地位的下降相对，《论语》几乎成了此时期孔子研究的唯一核心史料。钱玄同认为寻求孔学只宜依靠《论语》，顾颉刚则根据《论语》中的孔子形象来否定其他典籍中的叙述，冯友兰更是凭借《论语》将孔子界定为中国历史上的第一位私人教师。孔子与六经的渊源被阻断，《论语》中那位答弟子问的孔子成了历史上唯一可信的孔子形象。

　　早年章太炎对孔子形象的改造尚不止此。他在《论诸子学》中评价孔子"哗众取宠""诈伪""行义从时而变"，是一位甚于乡愿的"国愿"。② 他还批评说："吾土孔子为圣之时，后生染其风烈，……而趣时之疾固已沦于骨髓。"③ 如果说，章太炎将孔子视为"良史"尚保留了他的史家地位，那么章氏此处的用语则几乎是在全面批判孔子的人格。有关孔子的教育目标，章太炎说"总是依人作嫁"，④ "惟欲成就吏材，可使从政"，似乎孔子培养弟子正印证了"儒家之病，在以富贵利禄为心"。⑤ 这样的论调显然与章太炎所亲见的保皇党中争名逐利之徒有关，但孔子却在这样的描述中被塑造成了一个"以经术迎合政治"的媚世者。孔子那种"知其不可而为之"的精神被完全遗忘了。

---

① 周予同对孔子的这一定位，应当也受到了今文经学家尤其是廖平的影响。
② 章太炎：《论诸子学》，《章太炎全集·演讲集》，第 52、53 页。
③ 章太炎：《章太炎全集·太炎文录初编》，上海：上海人民出版社，2014 年，第 281 页。
④ 章太炎：《在东京留学生欢迎会上之演讲》，《章太炎全集·演讲集》，第 4 页。
⑤ 章太炎：《论诸子学》，《章太炎全集·演讲集》，第 52 页。

应当指出，在清代以前的一般理解中，孔子之所以栖栖遑遑，乃是为了得君行道，其一生并不苟合于现实政治。孔子被尊奉为"圣人"，其权威性并非完全来自现实中的政治权力，至少不依赖于政治权力。尤需强调的是，在传统一些士大夫那里，孔子之道还被理解成一种超越于政治威权的力量，所谓"道尊于势"即是指此。章太炎对孔子及儒家的评价，于这一传统认识而言无疑是颠覆性的。这种思路所带来的一大消极影响是，孔子及儒家的历史在某种意义上可以被视为学术向政治的"趋附史"或"屈从史"，学术在政治面前的尊严与独立性被严重低估了。①章太炎晚年曾饱含悔意地对柳诒徵说："前声已放，驷不及舌；后虽刊落，反为浅人所取。"② 表明他深刻意识到诋孔言论的负面效应。但在世运学风新的转变之中，章氏所作的挽回几乎失去了适宜生存的土壤。

因而可以概括地说，早年章太炎的孔子观是将删定六经、为后世制法的"圣人"，改造成为了一位删定古书的史学家、传授经典的教育家与摆脱宗教意识的思想家，③ 而传统所谓"道"之于"势"的权威性与超越性则不被强调，孔子与经学的价值也因之被瓦解。辛亥以后，由于因应时代变局，也由于自身学术的调适，章太炎对孔子的看

① 持经学立场的蒙文通在 1961 年说："如果今文学真像近代所认识的，就是阴阳五行之学，那末，汉代罢黜百家，就该表彰邹衍。如从为专制君主服务来说，那末，汉王朝最好是表彰申、商法家。这本是历史上一个大问题，但这数十年来的解释，都不免轻率，有些儿戏。总的来说，是由于我们不认识古人学术，轻视文化遗产，自以为是高出古人。"蒙文通：《对辞海征求意见稿经学条目所提意见》，《蒙文通全集》第 1 册，成都：巴蜀书社，2015 年，第 366 页。

② 章太炎：《与柳诒徵》，《章太炎全集·书信集》，上海：上海人民出版社，2017 年，第 972 页。

③ 参陈壁生：《经学的瓦解：从"以经为纲"到"以史为本"》，第 31—37 页。

法有了明显转变。虽然转变后的看法在新文化运动的声浪中不免沦为明日黄花，但它表明章氏不为新的学术风潮所转移，而保持了对反孔立场的反思。至于他在 1930 年代力倡《孝经》《儒行》等，希望借读经来延续国性，巩固国本，则尤能展现具有经学根基的学人在面对危厄国运时所采取的返本之道。其救世之心正于倡导读经的义正辞严中历历可见。

三

尽管章太炎的许多观点在 20 世纪初期显现出学术思想上的革新意识，但新文化运动以后，在更为"趋新"的学人那里，章太炎俨然成为"旧学"的代表。用章氏门人鲁迅的话来说，晚年的章太炎已是"身衣学术的华衮，粹然成为儒宗"。①而周予同早在 1926 年就留下这样一种观察，当时的青年提起康有为和章太炎，"谁都要发笑"，原因在于前者是"复辟派的领袖"，而后者是"反革命的智识份子"。②

章太炎的这一形象当然有其来源。自 1913 年底起，章氏于幽禁中重读《论语》《周易》等经典，悟得"唯文王为知忧患，唯孔子为知文王"，并评价孔子"阶位卓绝，诚非功济生民而已"。③反孔态度显然有所转变。这一时期的《检论·订孔》也对孔子极表尊崇，其中

①　鲁迅：《关于太炎先生二三事》，《鲁迅全集》第 6 卷《且介亭杂文末编》，北京：人民文学出版社，2005 年，第 567 页。

②　周予同：《康有为与章太炎》，《周予同经学史论著选集》，第 108 页。

③　章太炎：《章太炎全集·菿汉微言》，上海：上海人民出版社，2015 年，第 70 页。

认为孟、荀远不逮孔子，与早年的说法大相径庭，同时又认为孔子的忠恕之道与老、庄实可贯通。数年之后，章太炎对老、庄及孔子做出对比："老、庄虽高妙，究竟不如孔子底为有法度可寻，有一定底做法。"① 愈至晚年，章太炎愈是强调传统学问中切近人事的面向。在先秦诸子中，孔子逐渐成为其思想上的楷模。

值得注意的是章太炎对孔子与经学的具体改观。《检论·订孔》虽然依旧视孔子为"良史"，但此时之"史"或已不单纯指历史文献，而是恢复至"旧法世传之史"的那种古义。② 这也正是经典在章太炎那里尚能够因应世变而保持生命力的一大原因。与此同时，章太炎不再批评孔子与历代儒家"湛心利禄"。他在《儒家之利病》中评价汉儒"能论政治，善用兵"，宋以后儒家的缺陷主要在于"少有论兵""骄荅"以及"迂阔"，③ 而对此前所强调的"奔竞利禄"则绝口不提。此外，孔子平居所教人的，也从原来的"成就吏材""依人作嫁"变成了"修己治人"。④ 章太炎晚年尤爱讲经典中的"修己治人"之道，这与传统所说的"内圣外王"在精神结构上是一致的。他甚至还说："纪念孔子，必须以自己身体当孔子看，又须将中华民族当孔子看。"⑤ 这实际上已经回到了捍卫孔子与经学的立场上来。

章太炎经学观的这种转变，除了他本人的幽禁遭际之外，应当与

---

① 章太炎：《研究中国文学的途径》，《章太炎全集·演讲集》，第 288 页。
② 参邓秉元：《章太炎与近代经学一瞥》，《新文化运动百年祭》，第 107 页。
③ 章太炎：《儒家之利病》，《章太炎全集·演讲集》，第 545 页。
④ 章太炎：《诸子略说》，《章太炎全集·演讲集》，第 980 页。
⑤ 章太炎：《在吴县纪念孔子诞生大会上之演说》，《章太炎全集·演讲集》，第 618 页。

国际国内的社会政治背景以及他所固有的文化立场相关。第一次世界
大战的战火促使中国知识界对欧洲文明予以重新反思。早在 1907 年
就参与创建亚洲和亲会的章太炎，此时则积极倡言亚洲古学会，其初
衷正在于提倡东方古代文化，并与欧洲文明进行比较。①这一时期国
内正值新文化运动展开之际，全盘西化与反传统思潮大行其道。章太
炎早年对孔子与经学的定位虽然带来了反传统的客观效应，但章氏本
意并不在于瓦解整个历史传统。相反，包括经学在内的中国传统知识
体系，在章太炎那里始终构成中国之所以成为中国的关键要素。因
而，面对晚清以来传统知识体系已然崩解，而新文化派大都已丧失经
学思维的状况，章太炎选择了维护孔子与经学的立场，这表面看来与
早年之说适成反悖，但深层缘由未尝不可沟通。②

　　我们由此来看章太炎晚年倡导读经的相关言论。民国时期，知识
界在读经问题上长期存有争议，支持与反对的声音此起彼伏。从基本
态度上看，章氏显然支持读经，但他并未将经典奉为神灵，而是在新
的社会背景下赋予了经典以激励民心、维护国性与抵御外侮的时代意
义。他对日益衰颓的世道人心深为忧虑，说："说经论道，以振民俗，
在昔为有效。今乃人人不窥六籍，欲变之者，虽如戚同文之教授，犹
患其高。"③ 而在如此境况下，经典中的"修己治人"之道正不失为
一剂良方。1930 年代中期，面对国人可能沦为奴虏的危机，章太炎大

---

①　章太炎：《在亚洲古学会第一次大会上之演说》，《章太炎全集·演讲集》，第
242 页。

②　与章太炎可并观的有廖平、王国维等人。参邓秉元：《新文化运动百年祭——
兼论周予同与 20 世纪的经学史研究》，《新文化运动百年祭》，第 17 页。

③　章太炎：《章太炎全集·菿汉昌言》，上海：上海人民出版社，2015 年，第
116 页。

声疾呼："方今天方荐瘥，载胥及溺，满洲亡而复起，日人又出其雷霆万钧之力以济之，诸夏阽危，不知胡底，设或经学不废，国性不亡，万一不幸，蹈宋明之覆辙，而民心未死，终有祀夏配天之一日。"① 在章氏这里，经学成了民族危亡之际保存国性的最后一道屏障。

章太炎主张读经亦有其学理依据。在他看来，从古至今因读经而致顽固之人寥寥无几，但合理运用经典从而收润身经国之效者不一而足。因而，读经非但没有顽固之弊，还可以补救"发展个性""打倒偶像"等新说之偏。至于胡适所提出的经文古奥的问题，章太炎针锋相对地回应："今袭前人之功，经文可解者已十之七，再加群力之探讨，可解之处，何难由七而至八，由八而至九至十哉?"② 章氏晚年沉潜于素称难读的《尚书》一经，据门人诸祖耿说："太炎先生耽玩《尚书》，老而弥笃。自言已通百之八九十，胜于清儒。"③ 两相对照，章氏实可称能力践其言。

章太炎晚年尤倡研读经典中的平实近人者："国学不尚空言，要在坐而言者起而可行。十三经文义繁赜，然其总持则在《孝经》《大学》《儒行》《丧服》。《孝经》以培养天性，《大学》以综括学术，《儒行》以鼓励志行，《丧服》以辅成礼教。"④ 在这一架构内，《孝经》居于首要地位，非但是"内圣"之本，同时也可通向"外王"。⑤《大

① 章太炎：《论读经有利而无弊》，《章太炎全集·演讲集》，第 567 页。
② 章太炎：《再释读经之异议》，《章太炎全集·演讲集》，第 588 页。
③ 章太炎：《太炎先生尚书说》，诸祖耿整理，北京：中华书局，2013 年，第 1 页。
④ 章太炎：《历史之重要》，《章太炎全集·演讲集》，第 488 页。
⑤ 参刘增光：《章太炎"新四书"体系中的〈孝经〉学》，《中国哲学史》2015 年第 4 期，第 111 页。

学》与《儒行》分别与传统所说的"经义""治事"相应，而《丧服》
则是孝道的具体化与实践化，因而可以为《孝经》所统摄。①贯穿此
四者的核心要义在于"修己治人"，而倡导四者的初衷仍在于章太炎
历来所主张的保持国性与振兴民德。譬如《丧服》的重要性在于"中
华之异于他族，亦即在此"，而倡导《儒行》的原因则是"欲求国势
之强，民气之尊，非提倡《儒行》不可"。②与章太炎类似的是，熊十
力于 1940 年代也极力表彰《大学》与《儒行》。二者在义理架构上虽
有所不同，但其发心却未尝无相通之处。

　　因而，章太炎晚年的经学观，可以说重新接契了顾炎武所标举的
"博学于文"与"行己有耻"两大端。他在晚年讲演中反复提及这两
句话，显然有其深意。有清一代，作为顾炎武学术上的裔孙，乾嘉汉
学主要继承了其经史考证的一面，而真正与顾炎武经世意识产生精神
关联的，当首推章太炎。③值得注意的是，这种精神关联不仅见于章
氏早期的反满革命思想，在其晚年的经学观念中实际上也多有体现。
综观章太炎晚年对经学的回归与倡导，在义理上或稍欠圆融，在社会
反响方面也因时代因素而颇乏知音，但这并不影响它作为一种经世之
学的独特价值与意义。从"以史观经"到"以经应世"，章太炎的经
学观不仅折射出经学在知识体系转型过程中的总体变化，同时也代表

---

　　①　正因如此，章太炎有时仅举其三："儒者之书，《大学》是至德以为道本，《儒
行》是敏德以为行本，《孝经》是孝德以知逆恶，此三书实儒家之总持。"再如："夫儒
者之业，本不过大司徒之言，专以修己治人为务，《大学》《儒行》《孝经》三书，可见
其大概。"章太炎：《诸子略说》，《章太炎全集·演讲集》，第 978—979、980 页。

　　②　章太炎：《国学之统宗》，《章太炎全集·演讲集》，第 480、485 页。

　　③　参周予同：《从顾炎武到章炳麟》，《周予同经学史论著选集》，第 754—
771 页。

了经学与社会现实进行互动的一种典型。也正是因此，重新回顾百年前章太炎对经学的定位、理解和主张，对于今天的经学史与经学研究而言，仍然有着不同寻常的启示意义。

赵四方

二〇二一年八月十六日

编选说明

一、本书是章太炎经学论著的普及性读本，以通俗易懂为首要编选原则。但同时考虑到一些篇目的代表性和重要性，故不避文义繁难，一并选入。

二、章太炎论著中涉及经学的文字极多，且多有将经学与史学、哲学、文学等一并讨论者。本书所选的篇目，主体内容皆与经学直接相关。另有一些篇目虽涉及经学，但主体内容不限于经学，因而未予编选。

三、在"章太炎讲述系列"其他单册中，有个别篇目与经学直接相关，本书不再重复编选。

四、本书编选原文皆据《章太炎全集》本，古体字、异体字一般都改为现行通用简体字，个别篇目依文理划分出段落。

五、本书编选过程中，得到复旦大学历史学系博士生成棣的帮助，在此谨致谢忱。

经的大意

（一九〇七年至一九一〇年讲于日本）

甚么叫做经？本来只是写书的名目。后来孔子作《孝经》，《墨子》有《经上》《经下》两篇，韩非子的书中间也有经，就不一定是官书了。但墨子、韩子的书，向来称为诸子；孔子的《孝经》，也不过是传记。真实可以称经的，原只是古人的官书。《庄子·天下》篇说六经的名号，是《易》《诗》《书》《礼》《乐》《春秋》。《礼记·经解》篇也同。难道古人只有六经么？并不然。现在存的，还有《周髀算经》，是周公和商高所说。更有《逸周书》，也是周朝的史官所记录。《易经》的同类，还有《连山》《归藏》。《礼经》的同类，还有《司马法》。汉朝都还完全。这种都是官书，都可以唤作经。不过孔子所删定的，只有六经。也不是说删定以后，其余的书一概作废，不过这六件是通常讲诵的，其余当作参考书罢了。但是《乐经》到汉朝已亡。《礼经》有《周礼》《仪礼》两部。《周礼》是讲官制，本来唤作《周官》；《仪礼》是记仪注，本来专称《曲礼》。到汉朝《周官》亡了《冬官》一篇。《曲礼》本来有三千篇，孔子的时候，已经散失了许多。后来汉朝传的，真本有五十六篇，俗本只有十七篇。因为头一篇是《士冠礼》，所以唤作《士礼》。《尚书》本来有一百篇，汉朝传的，真本有五十七篇，俗本有三十三篇（三十三篇也并作二十九篇），这个真本就称古文，俗本就称今文。可惜汉朝人只爱今文，把古文多余的篇都亡失了。此外《易经》《诗经》《春秋经》，到如今都完全无缺。本来是六经，因为《乐经》亡失，所以只称五经。汉朝人却又不数《周礼》，此外《左氏传》《穀梁传》《公羊传》，都是解说《春秋》。《小戴礼记》《大戴礼记》，是解说《周礼》《仪礼》。《尔雅》是总解群经的训诂。《论语》《孝经》，是孔子私家的书，本来只称传记，不称为经。从唐朝定《五经正义》，经的名目，渐渐混乱。五经中间的《礼经》，不用《周礼》《仪礼》，只用《小戴礼记》，这真是名称不正。

章太炎像

到了宋朝，本经和传记统统有疏，却只《大戴礼记》没有疏，《孟子》倒反有疏。所以后来退去《大戴》，收进《孟子》，称为十三经。十三经的名目，原是蒙混称称，只看这十三部有注有疏，就唤作十三经。其实《孟子》分明是子书，非但不是经典，也并不是传记。所以这种名目，不可执定。

这样说，经典到底是甚么用处呢？中间要分几派的话，汉朝人是今文派多，不晓得六经是甚么书，以为孔子豫先定了，替汉朝制定法度，就有几个古文派的，还不敢透露的驳他。宋朝人又看经典作修身的书。直到近来，百年前有个章学诚，说"六经皆史"，意见就说六经都是历史，这句话，真是拨云雾见青天。《尚书》《春秋》固然是史，《诗经》也记王朝列国的政治，《礼》《乐》都是周朝的法制，这不是史，又是甚么东西？惟有《易经》似乎与史不大相关，殊不知道，《周礼》有个太卜的官，是掌《周易》的，《易经》原是卜筮的书。古来太史和卜筮测天的官，都算一类，所以《易经》也是史。古人的史，范围甚大，和近来的史部有点不同，并不能把现在的史部，硬去分派古人。这样看来，六经都是古史。所以汉朝刘歆作《七略》，一切记事的史，都归入《春秋》家。可见经外并没有史，经就是古人的史，史就是后世的经。古代撰他当代的史，岂是为汉朝？所说治国的法度，也只是当时现用，并不说后世必定用得着。固然有许多用得着的，但他当时著书，却并不为此。

至于修身的话，本经却也少见，就有几句，你看后来《史记》《汉书》，何尝没有修身的话？要知道一部大史书，中间嘉言懿行，自然不会没有，不过他作这部书，并不专为教人修身起见。譬如大海中间，无所不有，颇有许多珍奇物品，可以供给人用，难道海为要给人用，特特生这珍物么？孔子虽则说"兴于诗"，不说诗人的本意为教人修身，不过说依他的音节，可以陶写性灵，伏除暴嫚。其实在孔子当年，只有《诗经》。所以说这句话，如果在后世也好说"兴于《离骚》"，"兴于汉晋五言"。《礼》《乐》原有几分教人修身的意，但是琴瑟歌咏，使人增许多乐趣，不至专寻烦恼，舞就和近来体操相似，使人身体轻利，少生疾病。《曲礼》防闲得人的行动，不能任意恣纵。礼既太拘，只怕人不能安处，又用乐去弢散他。所以说"礼乐不可斯须去身"，就算是修身的用处了。究竟六代的乐，都是象当时帝王的功德，朝聘飨燕等礼，原是为各国的邦交，大处总不是为修身，不过小处带着几分。若把经典当作修身的书，便只看了小小一角，本意差得远了。若把经典当作替汉朝立法的书，就是看经典作推背图，看孔子作神奇灵变的教主，更差得远了。若晓得经典是古史，无论有没有修身的话，无论现在政治上用得着用不着，总是该看，也和《史记》《汉书》一样。本经以外，各种传记，讲修身的话原多，但真个为修身计，也还不必用许多话，只《礼记·儒行》一篇，分出十五种儒，尽可以听人自择了。可笑现在一班讲今文学的，把经典看成奇怪的书，把孔子看成耶稣、摩罕默德，真是丧心病狂。那边总领学校的人，又作出规矩，要各学校专设读经一课。读经原不可少，但是把经典专看成修身的书，他意中所说的修身，又不过专是忠孝节义。孝义原是古人所重，忠节恐怕未见得罢（这个忠，和"忠恕"的忠不同，忠恕的忠，只是周到恳挚的意思；这个忠，就专说忠君）。

近来又刻许多经典读本，还是用宋、元人的注解，一发可笑。就中只有《孟子》一书，伪孙奭《疏》太荒陋不通（甚么叫伪孙奭《疏》？说这个疏不是孙奭作的，作疏的人，自己冒名孙奭，所以叫作伪孙奭《疏》），觉得朱子的《注》狠好，但朱子比赵岐，也没得高（赵岐是汉朝人，在朱子的前有九百多年，作《孟子章句》）。《论语》邢《疏》，也不见得胜过朱《注》，究竟何晏《集解》是好（何晏是三国魏朝的人，在朱子前也有九百年光景）。这种原可以勉强相代。《大学》只该用古本，断不可用变乱改窜的本，并不是看轻程、朱的理学，要晓得二程的理学，原是从禅宗出来，不是从《大学》出来，不过借《大学》作个门面。现在只看二程自二程，《大学》自《大学》，自然应该改还古本，又何必用朱子《章句》呢？这种不过随便讲讲，若说实话，《大学》《中庸》，只是《礼记》中间的两篇，也只是寻常话，并没有甚么高深玄妙的道理，又不能当作切实的修身书。只要还归《礼记》，也不必单行了。至于《礼记》用陈澔《集说》，陈澔《集说》的浅陋，和《孟子》伪孙《疏》差不多。郑康成的《注》，现在反弃了不用，真是颠倒。大概对着假理学的人，说朱《注》不如古注，他总不信。至于陈澔《集说》，不如古注，就任便怎么的假理学人，也该晓得的。若再不晓得，就不配作假理学，只配作真学究了。

《易经》用朱子《本义》，比王《注》实在不如（王是王弼，是三国魏朝的人，和何晏同时）。况且上面画许多先天八卦假洛书，都是道士编造出来，作炼丹的记号（假造的人叫作陈抟），岂不是妖妄极么？一百多年前，有一个王懋竑，说这种怪图画，原不是朱子载在《易经》上的。我想朱子也未必这样荒谬，他当初校定《易经》，还汉朝古本的旧面目，岂肯拿道士的图画，去乱《易经》。现在如果看注解的优劣，应该仍用王《注》，王《注》到底要算第一家，平心说来，比荀氏、郑氏、虞氏都高。这种话，装汉学门面的人不肯信。我说只要把王氏《易略例》看看，就晓得王氏还在诸家的上。再把《经典释

○省刑罰薄稅斂此二者仁政之大目也

易治也耨耘也盡己之謂忠以實之謂信

君行仁政則民得盡力於農畝而又有暇死

日以脩禮義是以尊君親上而樂於效死

也彼奪其民時使不得耕耨以養其父母

父母凍餓兄弟妻子離散謂養去聲○彼彼

陷溺其民王往而征之夫誰與王敵夫音扶○彼彼

陷陷於阱溺溺於水暴虐之意征正也以

彼暴虐其民而率吾尊君親上之民往正也以

其罪彼則誰與我為敵哉故曰仁者無敵

歸於我則誰與我為敵哉

王請勿疑以仁者而已恐王疑其迂闊故勉王

《孟子》

洒與洗同。○魏本晉大夫魏斯與韓氏趙氏共分晉地號曰三晉故惠王猶自謂晉國惠王三十年秦取魏少梁後魏破其軍虜太子申又與楚將昭陽戰敗亡其七邑比

猶爲也言欲爲死者雪其恥也

孟子對曰地方百里而可以王行仁政則天下之

百里小國也然能

民歸之矣王如施仁政於民省刑罰薄稅斂深耕易耨壯者以暇日脩其孝悌忠信入以事其父兄出以事其長上可使制梃以撻秦楚之堅甲利兵矣

省所梗反 耨奴豆反 易皆去聲 長上聲

文》所引马融、刘表两家的注看看，就晓得汉人说《易》，本是这样，并不是改师法。那句"辅嗣易行无汉学"的话，蓄截可以不必采他。如果看本子的优劣，应把朱子《本义》的本来面目还出，岂可用这种妖妄的书呢？

《尚书》用蔡沈《集传》，也是无理，这伪古文《尚书》，是东晋枚颐所献，魏朝王肃所撰，已经有定论了。现在不把伪的几篇削去，要问还是读孔子删定的经，还是读王肃伪造的经？如果要留着经，用蔡沈《集传》，自然不如用伪孔《传》（托名汉朝孔安国所作，所以叫作伪孔《传》）。伪孔《传》虽是王肃冒名，但中间几篇真《尚书》的传，比蔡沈不晓要高几千万倍。况且王肃虽则伪撰古文，并没有把《书序》删去，《书序》是孔子所作，《史记》里头有明文。现在蔡沈用了伪撰的古文，反削去真正的《书序》，真不知是甚么心肠。如果要用真经，近来孙星衍的《今古文注疏》，虽不算十分精当，总可以用得。不过不分家法，是他的短处了。

《诗经》用朱子《集传》，朱子的书，惟有《诗传》最坏，因为听信了郑樵的乱话，把《诗序》都削去。若说用三家《诗》么（《鲁诗》《韩诗》《齐诗》，叫作三家《诗》），三家诗并没有真本留存，依然用的《毛诗》。既用《毛诗》，又删去《诗序》，是甚么道理！况且《诗序》所说，《国风》都是关于国政，朱子削了《诗序》，自去胡猜，把《国风》里头许多正经话，说成淫奔期会的诗。诸公要用经典教人修身，到这里却矛盾自陷了。郑《笺》虽则有许多诘诎，大义总没有差，就说郑《笺》不大好，毛《传》原是至精至当的书，略有眼精的，总晓得比朱《传》高万倍呢！大概注疏本嫌他太繁，单注本却是不繁，原有刻本，何不将来翻印，却用这班陋劣荒疏的注本，还是总领学校的人，不晓得有那种书呢！还是看了这种注本，真个奉为金科玉律！看来总领学校的人，比半日卖草鞋半日教书的人见识差不多。

我们要人看经典，是使人增长历史的知识，用意在开通人；那边要人看经典，不管经文是真是假，注文是好是坏，只用一句修身的假话去笼罩，又不晓得注文于修身是有利是有害，用意只在迷罔人。曾看见日本大隈重信，作一册国民读本，别的话一点不说，只是夸张国体，教人自勉，正在骇怪，想这种书和中国的《圣谕广训》演义一样，不是学校里头讲的，只是在土地庙里搭个台叫老人穿了黄布袍子去讲的。那晓中国人也是这种见解。唉！讲今文派的，荒唐到那步田地，总领学校的，又鄙陋到这步田地，不必等别国的秦始皇来烧我们的书，就永远是这个中国，经典也就要亡灭了。

有人说，经典不为教人修身作的，这句话是不错。但人到底要修身，如果说经典不关修身，恐怕要求修身的路，就不得不走入神教，或走入外国一种奇论，和中国向来的道德不合。况且看经典变了没用的东西，就强他读他也不肯读，成了这一种舆论，真怕经典要废绝了。所以总领学校的人，用经典当作修身的具，也有一番苦心。我说这句话，也有几分道理，但要晓得，传记里面修身的话还多，子书里面，像荀子说修身的话就狠不少，并不是除了本经，没有修身的书。本经和后代的历史，我但说他不为教人修身作的，并不说他里面全没修身的话。只要会得编次，岂怕没有修身书！传记诸子里面讲的修身，虽有高下不同，总比神教要高许多，略有一点知识的，大概晓得，又岂怕他入神教阿！

至于别国道德的话，往往与中国不投，纵算他的道德是好，在中国也不能行。古人说的"甘露翻成毒药"，实在是有。何况功利主义、快乐主义，本来与道德背驰么，这个不是经典所能抵距，也不是传记诸子所能防制。只要教人明白了一句话，就自然不会走歧路了。那句话呢？说道德本来从感情来，不专从智识来，感情怎么样子发生？不专从当面的事发生，多从向来的习惯发生。各国的习惯不同，所以各国的感情不同，各国的感情不同，所以各国的道德不同，并不能拿一种理去强派。那墨子的"天志说"，董仲舒所说的"道之大原出于天"，陆子静所说的"东海有圣人焉，此心同，此理同也；西海有圣人焉，此心同，此理同也"，都是凭空妄想的话。实在各国道德不同，既作了中国人，承中国的习惯，自然该守中国的道德。

若说中国所守，只是古道德，不是新道德，在现世不相宜，那到不然。中国的道德说，从三代两汉到现在，总是渐渐变来，并不纯和古代一样。就偶然还有不惬意处，也只该由自己想法子改正，不必照别国的法子改正。别国的道德纵然好，也只好照庄子说的："水不可用车，陆不可用舟。"何况更有许多可笑可鄙的么。你看佛教进中国来，中国人觉得与本来的道德无碍，也都依了作去，只有父母拜子这一件事，就不容学那边的风俗。有这样的界限，自然不走入歧途了。假如那边再难道，照这句话，中国的道德，是有一定的界限，不许人走出一步，岂不是硬束缚人么？这也有话对他，说界限虽是有定，中间的道路原狠多，任你自己要走那一条路，并不来束缚你。只看儒家、道家、农家、小说家，各各有他家道德话。孟子说的伯夷清，柳下惠和，孔子时，也是不同。就《儒行》所说的十五种儒，也是不同。不过在中国都行得去，这就是大界限哩。

若怕人说经典没用，就要废绝，也只要问那个人，历史还有用么？如果他说有用，那么经典是最初的历史，怎么可以废得！如果他说过去的事，都没有用，那么就该转问他，你看了西洋史，记得希腊、罗马的事，记得一二百年前英、俄、德、法、奥、美的事，要作甚么用处？一样都是过去的事，和现在都不相干，一边还是本国事，一边却是别国事，别国事过去没用还应该记，本国事过去没用，就不应该记么？那边自然塞口。就要发废弃经典的妄论，再也没有立论的根源，不过是狂吠乱骂，总不怕别人会听信，又何必用修身的名目去保护经典呢！

经学略说（上）

（一九三五年）

经之训常，乃后起之义。《韩非子·内外储》首冠经名，其意殆如后之目录，并无"常"义。今人书册用纸，贯之以线，古代无纸，以青丝绳贯竹简为之。用绳贯穿，故谓之经。经者，今所谓线装书矣。《仪礼·聘礼》："百名以上书于策，不及百名书于方。"《礼记·中庸》云："文武之政，布在方策。"盖字少者书于方，字多者编简而书之。方不贯以绳，而简则贯以绳。以其用绳故曰"编"，以其用竹故曰"篇"。方，版牍也。古者师徒讲习，亦用方誊写。《尔雅》："大版谓之业。"故曰肄业、受业矣。《管子》云："修业不息版。""修业"云者，修习其版上之所书也。竹简繁重，非别版书写，不易肄习。二尺四寸之简，《后汉书·周盘传》：编二尺四寸简写《尧典》。据刘向校古文《尚书》，每简或二十五字，或二十二字，知一字约占简一寸。二十五自乘为六百二十五。令简、策纵横皆二十四寸，仅得六百二十五字。《尚书》每篇字数无几，多者不及千余。《周礼》六篇，每篇少则二三千，多至五千，《仪礼·乡射》有六千字，《大射仪》有六千八百字。如横布《大射》《乡射》之简于地，占地须二丈四尺，合之今尺，一丈六尺，倘师徒十余人对面讲诵，便非一室所能容。由是可知讲授时决不用原书，必也移书于版，然后便捷。故称肄业、受业，而不曰肄策、受策也。帛，绢也，古时少用。《汉书·艺文志》：六艺略、诸子略、诗赋略、兵书略，每书皆云篇，数术、方技，则皆称卷。数术、方技，乃秦汉时书，古代所无。六艺、诸子、诗赋、兵书，汉人亦多有作。所以不称卷者，以刘向《叙录》，皆用竹简杀青缮写。数术、方技，或不用竹简也。惟图不称篇而称卷，盖帛书矣。《孙子兵法》皆附图。由今观之，篇繁重而卷简便，然古代质厚，用简者多。《庄子》云："惠施多方，其书五车。"五车之书，如为帛书，乃可称多；如非帛书，而为竹简，则亦未可云多。秦皇衡石程书，一日须尽一石。如为帛书，则一石之数泰多，非一人一日之力所能尽。古一石，当今三十斤，如为帛书，准之于今，当亦有一二百本。古称奏牍，牍即方版，故一日一石不为多耳。

周代《诗》《书》《礼》《乐》皆官书。《春秋》史官所掌，《易》藏太卜，亦官书。官书用二尺四寸之简书之。郑康成谓："六经二尺四寸，《孝经》半之，《论语》又半之。"是也。《汉书》称律曰"三尺法"，又曰"二尺四寸之律"。律亦经类，故亦用二尺四寸之简。惟六经为周之官书，汉律乃汉之官书耳。寻常之书，非经又非律者，《论衡》谓之"短书"。此所谓短，非理之短，乃策之短也。西汉用竹简者尚多，东汉以后即不用。《后汉书》称董卓移都之乱，缣帛图书，大则连为帷盖，小乃制为縢囊。可知东汉官书已非竹简本矣。帛书可卷可舒，较之竹简，自然轻易，然犹不及今之用纸。纸之起源，人皆谓始于蔡伦，然《汉书·外戚传》已称"赫蹏"，则西汉时已有纸，但不通用耳。正惟古人之不用纸，作书不易。北地少竹，得之甚难，代以缣帛，价值又贵，故非熟读强记不为功也。竹简书之以漆，刘向校书可证。方版亦然。至于缣帛，则不可漆书，必当用墨。《庄子》云："宋元君将画图，众史舐笔和墨。"则此所谓图，当是缣素。又

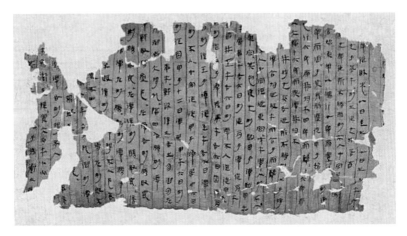

马王堆帛书

《仪礼》"铭旌用帛"。《论语》"子张书绅"，绅以帛为之，皆非用墨不能书。惟经典皆用漆书简，学生讲习，则用版以求方便耳。以上论经之形式及质料。

《庄子·天下》篇："《诗》以道志，《书》以道事，《礼》以道行，《乐》以道和，《易》以道阴阳，《春秋》以道名分。"列举六经，而不称之曰"经"。然则六经之名，孰定之耶？曰：孔子耳。孔子之前，《诗》《书》《礼》《乐》已备。学校教授，即此四种。孔子教人，亦曰："兴于《诗》，立于《礼》，成于《乐》。"又曰："《诗》《书》执礼，皆雅言也。"可见《诗》《书》《礼》《乐》，乃周代通行之课本。至于《春秋》，国史秘密，非可公布。《易》为卜筮之书，事异恒常，非当务之急，故均不以教人。自孔子赞《周易》，修《春秋》，然后《易》与《春秋》同列六经。以是知六经之名，定于孔子也。

五礼著吉、凶、宾、军、嘉之称，今《仪礼》十七篇，只有吉、凶、宾、嘉，而不及军礼。不但十七篇无军礼，即《汉书》所谓五十六篇古经者亦无之。《艺文志》以《司马法》二百余篇入礼类，今残本不多。此军礼之遗，而不在六经之内。孔子曰："军旅之事，未之学也。"盖孔子不喜言兵，故无取焉。又古律亦官书，汉以来有《汉律》。汉以前据《周礼》所称，五刑有二千五百条，《吕刑》则云三千条。当时必著简册，然孔子不编入六经，至今无只字之遗。盖律者，在官之人所当共知，不必以之教士。若谓古人尚德不尚刑，语涉迂阔，无有是处。且《周礼·地官》之属，州长、党正，有读法之举，是百姓均须知律。孔子不以入六经者，当以刑律代有改变，不可为典要故尔。

六经今存五经，《乐经》汉时已亡。其实六经，须作六类之经书

《汉书·艺文志》

解，非六部之经书也。礼今存《周礼》《仪礼》。或谓《周礼》与《礼》不同，名曰《周官》，疑非礼类。然《孝经》称"安上治民，莫善于礼"。《左传》亦云："礼，经国家、定社稷、序人民、利后嗣。"由《孝经》《左传》之言观之，则《周官》之设官分职，体国经野，正是礼类，安得谓与礼不同哉？春秋时人引《逸周书》皆称《周书》，《艺文志》称《逸周书》乃孔子所删百篇之余。因为孔子所删，故不入六经。又《连山》《归藏》，汉时尚存，桓谭《新论》云：或藏兰台。与《周易》本为同类。以孔子不赞，故亦不入六经。实则《逸书》与《书》为一类，三易同为一类，均宜称之曰经也。

今所传之十三经，其中《礼记》《左传》《公羊》《穀梁》，均传记也。《论语》《孝经》，《艺文志》与《诗》《书》《易》《礼》《春秋》同入六艺，实亦传记耳。《孟子》应入子部，《尔雅》乃当时释经之书，亦不与经同。严格论之，六经无十三部也。

史部本与六经同类。《艺文志》春秋家列《战国策》《太史公书》。太史公亦自言继续《春秋》。后人以史部太多，故别为一类。荀勖《中经簿》，始立经、史、子、集四部，区经、史为二，后世仍之。然乙部有《皇览》。《皇览》者，当时之类书也，与史部不类。王俭仿《七略》作《七志》，《七略》本仅六种：一、六艺；二、诸子；三、诗赋；四、兵书；五、数术；六、方技。增图谱一门，称"六艺略"曰"经典志"，中分六艺、小学、史记、杂传四门，有心复古，颇见卓识。又有《汉志》不收而今亦归入经部者，纬书是也。纬书对经书而称，后人虽不信，犹不得不以入经部。独王俭以"数术略"改为"阴阳志"，而收入纬书，以纬书与阴阳家形法家同列，不入经典，亦王氏之卓识也。自《隋书·经籍志》后，人皆依荀勖四部之目，以史多于经，为便宜计，不得不尔。明知纬书非经之比，无可奈何，亦录入经部，此皆权宜之计也。

兵书在《汉志》本与诸子分列。《孙子兵法》入兵书，不入诸子。《七志》亦分兵书曰军书，而阮孝绪《七录》，依王俭为七部，不分经、史、子、集。以子书、兵书合曰子兵，未免谬误。盖当代之兵书，应秘而不宣，古代之兵书，可人人省览。《孙子》十三篇，空论行军之理，与当时号令、编制之法绝异，不似今参谋部之书，禁人窥览者也。是故当代之兵书，不得与子部并录。

向、歆校书之时，史部书少，故可归入《春秋》。其后史部渐多，非别立一类不可。亦犹《汉志》别立"诗赋"一类，不归入《诗经》类耳。后人侈言复古，如章实斋《校雠通义》，独断断于此，亦徒为高论而已。顾源流不得不明，纬与经本应分类，史与经本不应分，此乃治经之枢纽，不可不知者也。

汉人治经，有古文、今文二派。伏生时纬书未出，尚无怪诞之言。至东汉时，则今文家多附会纬书者矣。古文家信历史而不信纬书，史部入经，乃古文家之主张。纬书入经，则今文家之主张也。

古文家间引纬书，则非纯古文学，郑康成一流是也。王肃以贾、马之学，反对康成。贾虽不信纬书，然亦有附会处，《后汉书》可证。马则绝不附会矣。马书今存者少。至三国时人治经，则与汉人途径相反。东汉今文说盛行之时，说经多采纬书，谓孔子为玄圣之子，称其述作曰为汉制法。今观孔林中所存汉碑，《史晨》《乙瑛》《韩敕》，皆录当时奏议文告，并用纬书之说。及黄初元年，封孔羡为宗圣侯，立碑庙堂，陈思王撰文，录文帝诏书，其中无一语引纬书者。非惟不引纬书，即今文家言，亦所不采。以此知东汉与魏，治经之法，截然不同。今人皆谓汉代经学最盛，三国已衰，然魏文廓清谶纬之功，岂可少哉！文帝虽好为文，似词章家一流，所作《典论》，《隋志》归入儒家。纬书非儒家言，乃阴阳家言，故文帝诏书未引一语，岂可仅以词章家目之？

自汉武立五经博士，至东汉有十四博士。五经本仅五博士，后分派众多，故有十四博士。《易》则施、孟、梁丘、京，《书》则欧阳、大小夏侯，《诗》则齐、鲁、韩，《礼》则大小戴，《春秋》则严、颜，皆《公羊》家。皆今文家也。孔安国之古文《尚书》，后世不传。汉末，马、郑之书，不立学官。《毛诗》亦未立学官。古文《礼》传之者少。《春秋》则左氏亦未立学官。至三国时，古文《尚书》《毛诗》《左氏春秋》，皆立学官，此魏文帝之卓见也。汉《熹平石经》，隶书一字，是乃今文。魏正始时立《三体石经》，则用古文。当时古文《礼》不传，《尚书》《春秋》皆用古文。《易》用费氏，以费《易》为古文也。传费《易》者，汉末最盛，皆未入学官。马、郑、荀爽、刘表、王弼皆费氏《易》。《周礼》则本为古。三国之学官，与汉末不同如此。故曰魏文廓清之功不可少也。

清人治经，以汉学为名。其实汉学有古文、今文之别。信今文则非，守古文即是。三国时渐知尊信古文，故魏、晋两代，说经之作，虽精到不及汉儒，论其大体，实后胜于前。故"汉学"二字，不足为治经之正轨。昔高邮王氏称其父熟于汉学之门径，而不囿于汉学之藩篱。此但就训诂言耳。其实，论事迹、论义理，均当如是。魏、晋人说经之作，岂可废哉！以上论经典原流，及古今文大概。

欲明今古文之分，须先明经典之来源。所谓孔子删《诗》《书》，定《礼》《乐》，赞《周易》，修《春秋》者，《汉书·艺文志》云：

《礼》《乐》，周衰俱坏，乐尤微眇，又为郑、卫所乱，故无遗法。又云：及周之衰，诸侯将逾法度，恶其害己，皆灭去其籍，自孔子时而不具。是孔子时《礼》《乐》已阙，惟《诗》《书》被删则俱有明证。《左传》：韩宣子适鲁，观书于太史氏，见《易象》与鲁《春秋》，曰："周礼尽在鲁矣。"可见别国所传《易象》，与鲁不尽同。孔子所赞，盖鲁之《周易》也。《春秋》本鲁国之史，当时各国皆有春秋，而皆以副本藏于王室。故太史公谓孔子西观周室，论史记旧闻而修《春秋》，盖六经之来历如此。

《礼记·礼器》云："经礼三百，曲礼三千。"郑康成《注》："经礼"谓《周礼》，"曲礼"即《仪礼》。《中庸》云："礼仪三百，威仪

孔子像

三千。"孔颖达《疏》："礼仪三百"即《周礼》，"威仪三千"即《仪礼》。今《仪礼》十七篇，约五万六千字，均分之，每篇得三千三百字。汉时，高堂生传《士礼》十七篇，合淹中所得，凡五十六篇，较今《仪礼》三倍。若以平均三千三百字一篇计之，则五十六篇，当有十七万字，恐孔子时《礼经》不过如此。以字数之多，故当时儒者不能尽学，孟子所谓"诸侯之礼，吾未之学也"。至于《周礼》是否经孔子论定，无明文可见。孟子谓"诸侯恶其害己也，而皆去其籍"，是七国时《周礼》已不常见，故孟子论封建与《周礼》不同。

太史公谓古诗三千余篇，孔子删为三百篇。或谓孔子前本仅三百篇，孔子自言"诗三百"是也。然《周礼》言九德、六诗之歌。"九德"者，《左传》所谓"水、火、金、木、土、谷、正德、利用、厚生"。九功之德，皆可歌者，谓之九歌。六诗者：一曰风，二曰赋，三曰比，四曰兴，五曰雅，六曰颂。今《诗》但存风、雅、颂，而无赋、比、兴。盖不歌而诵谓之赋，例如后之《离骚》，篇幅冗长，宜于诵而不宜于歌，故孔子不取耳。九德六诗合十五种。今《诗》仅存三种，已有三百篇之多，则十五种当有一千五百篇。风、雅、颂之逸篇为春秋时人所引者，已不少，可见未删之前，太史公"三千篇"之说为不诬也。孔子所以删九德之歌者，盖水、火、金、木、土、谷，皆咏物之作，与道性情之旨不合，故删之也。季札观周乐，不及赋、比、兴。赋本不可歌，比、兴被删之故，则今不可知。墨子言"诵诗三百，弦诗三百，歌诗三百，舞诗三百"。夫可弦必可歌，舞虽有节奏，恐未必可歌，诵则不歌也。由此可知诗不仅三百，依墨子之言，亦有千二百矣。要之《诗》不但取其意义，又必取其音节，故可存者少耳。

《书》之篇数，据杨子《法言》称：昔之说《书》者序以百。《艺文志》亦云"凡百篇"。百篇者，孔子所删定者也。其后伏生传二十九篇。据《书序》则分为三十四篇。壁中得五十八篇。由今观之，《书》在孔子删定之前已有亡佚者。楚灵王之左史，通《三坟》《五典》《八索》《九丘》。今《三坟》不传。《五典》仅存其二。楚灵王时，孔子年已二十余，至删《书》时而仅著《尧典》《舜典》二篇，盖其余本已佚矣。若依百篇计之，虞、夏、商、周凡四代，如商、周各四十篇，虞、夏亦当有二十篇。今夏书最少，《禹贡》犹不能谓为夏书。真为夏书者，仅《甘誓》《五子之歌》《胤征》三篇而已。《胤征》之后，《左传》载魏绛述后羿、寒浞事，伍员述少康中兴事，皆《尚书》所无。魏绛在孔子前，而伍员与孔子同时。二子何以知之？必当时别有记载，而本文则已亡也。此亦未删而已佚之证也。至如周代封国必有命，如近代之册命。封康叔有《康诰》，而封伯禽、封唐叔，左氏皆载其篇名，《书序》则不录。且鲁为孔子父母之邦，无不知其封诰之理。所以不录者，殆以周封诸侯甚多，不得篇篇而登之，亦惟择其要者耳。否则将如私家谱牒所录诰命，人且厌观之矣。《康诰》事涉重要，故录之，其余则不录，此删《书》之意也。

《逸周书》者，《艺文志》云：孔子所论百篇之余。今《逸周书》有目者七十一篇。由此可知孔子于《书》，删去不少。虽自有深意，然删去之《书》，今仍在者，亦不妨视为经书。今观《逸周书》与《尚书》性质相同，价值亦略相等。正史之外犹存别史，《史》《汉》无别史，《后汉书》外有袁宏《后汉纪》，其中所载事实奏议，有与《后汉书》不同者，可备参考。《三国志》外，有鱼豢之《魏略》、王沈之《魏书》，不可谓只《三国志》可信，余即不可信也。安得皇古之书，可信如《逸周书》者，顾不重视之乎？《诗》既删为三百篇，而删去之诗，如"巧笑倩兮，美目盼兮，

曲阜孔庙鲁壁

素以为绚兮"一章，子夏犹以问孔子，孔子亦有"启予"之言。由此可见，逸诗仍有价值。逸书亦犹是矣。盖古书过多，或残缺，或不足重，人之日力有限，不能尽读，于是不得不删繁就简。故孔子删《诗》《书》，使人易于持诵，删余之书仍自有其价值在也。崔东壁辈，以为经书以外均不足采，不知太史公三代本纪，固以《尚书》为本，《周本纪》即采《逸周书·克殷解》《度邑解》，此其卓识过人，洵非其余诸儒所能及。

六经自秦火之后，《易》为卜筮，传者不绝。汉初北平侯张苍，献《春秋左氏传》，经传俱全。《诗》由口授，非秦火所能焚，汉初有齐、鲁、毛、韩四家，惟毛有六笙诗。自秦焚书至汉高祖破秦子婴，历时七年，人人熟习之歌自当不亡。礼则《仪礼》不易诵习，故高堂生仅传十七篇。高堂生必读熟方能传也。《周礼》在孟子时已不传，而荀子则多引之。荀子学博，远过孟子，故能引之。然全书不可见，至汉河间献王乃得全书，犹缺《冬官》一篇，以《考工记》补之。《尚书》本百篇，伏生壁藏之，乱后求得二十九篇，至鲁恭王坏孔子宅，又得五十八篇，孔安国传之，谓之古文。此秦火后六经重出之大概也。

经今、古文之别有二：一、文字之不同；二、典章制度与事实之不同。何谓文字之不同？譬如《尚书》，古文篇数多，今文篇数少，今古文所同有者，文字又各殊异，其后愈说愈岐。此非伏生之过，由欧阳、大小夏侯三家立于学官，博士抱残守缺，强不知以为知，故愈说而愈岐也。《古文尚书》孔安国传之太史公，太史公以之参考他书，以故，不但文字不同，事实亦不同矣。今文家不肯参考他书，古文家不然，太史公采《逸周书》可证也。何谓典章制度之不同？如《周礼》本无今文，一代典章制度，于是大备。可见七国以来传说之语，都可不信。如"封建"一事，《周礼》谓：公五百里、侯四百里、伯三百里、子二百里、男百里。而《孟子》乃谓：公侯皆方百里、伯七十里、子男五十里，与《周礼》不合。此当依《周礼》，不当依《孟子》。以《孟子》所称乃传闻之辞也。汉初人不知《周礼》，文帝时命博士撰《王制》，即用《孟子》之说，以未见《周礼》故。此典章制度之不同也。何谓事实之不同？如《春秋左传》为古文，《公羊》《穀梁》为今文。《穀梁》称申公所传，《公羊》称胡毋生所传，二家皆师弟问答之语。《公羊》至胡毋生始著竹帛，《穀梁》则著录不知在何时。今三《传》不但经文有异，即事实亦不同，例亦不同。刘歆以为左氏亲见夫子，好恶与圣人同；而公羊、穀梁在七十子之后，传闻之与亲见之，其详略不同。以故，若论事实，自当信《左氏》，不当信《公》《穀》也。《诗》无所谓今、古文，口授至汉，书于竹帛，皆用当时习用之隶书。《毛诗》所以称古文者，以其所言事实与《左传》相应，典章制度与

《周礼》相应故尔。《礼》高堂生所传十七篇，为今文；孔壁所得五十六篇，为古文。古文、今文大义无殊，惟十七篇中缺"天子、诸侯之礼"，于是后苍今文家。推《士礼》致于天子。五十六篇中有"天子诸侯之礼"。后人不得不讲《礼记》，即以此故。以十七篇未备，故须《礼记》补之。《礼记》中本有《仪礼》正篇，如《奔丧》，小戴所有；《投壶》大小戴俱有。大小戴皆传自后苍，皆知十七篇不足，故采《投壶》《奔丧》二篇。二家之书，所以称《礼记》者，以其为七十子后学者所记，故谓之《礼记》。记百三十一篇，大戴八十二篇，小戴四十九篇。今大戴存三十九篇，小戴四十九篇具在，合之得八十八篇。此八十八篇中，有并非采自百三十一篇之记者，如大戴有《孔子三朝记》七篇。《孔子三朝记》应入《论语》家。《艺文志》如此。《三朝记》之外，《孔子闲居》《仲尼燕居》《哀公问》等，不在《三朝记》中，则应入《家语》一类。要之，乃《论语》家言，非《礼》家言也。大戴采《曾子》十篇，《曾子》本儒家书。又《中庸》《缁衣》《表记》《坊记》四篇，在《小戴记》，皆子思作。子思书《艺文志》录入儒家。若然，《孔子三朝记》以及曾子、子思所著，录入大、小戴者，近三十篇。加以《月令》本属《吕氏春秋》，汉人称为《明堂月令》。亦不在百三十一篇中。又《王制》一篇，汉文帝时博士所作。则八十八篇应去三十余篇，所余不及百三十一篇之半，恐犹有采自他书者在。如言《礼记》不足据，则其中有百三十一篇之文在；如云可据，则其中有后人所作在。故《礼记》最难辨别，其中所记是否为古代典章制度，乃成疑窦。若但据《礼记》以求之，未为得也。《易》未遭秦火，汉兴，田何数传至施、孟、梁丘三家，或脱去无咎悔亡，惟费氏不脱，与古文同。故后汉马融、荀爽、郑玄、刘表皆信费

《易》。《易》专言理，惟变所适，不可为典要，故不可据以说《礼》。然汉人说《易》，往往与礼制相牵，如《五经异义》以"时乘六龙"谓天子驾六，此大谬也。又施、孟、梁丘之说，今无只字之存。施、孟与梁丘共事田生。孟喜自云："田生且死时，枕喜膝，独传喜。"而梁丘曰："田生绝于施雠手中，时喜归东海，安得此事！"是当时已起争端。今孟喜之《易》，尚存一鳞一爪，臆造之说，未足信赖。焦延寿自称尝从孟喜问《易》，传之京房，喜死，房以延寿《易》即孟氏学，而孟喜之徒不肯，曰"非也"。然则焦氏、京氏之《易》，都为难信。虞氏四世传孟氏《易》，孟不可信，则虞说亦难信。此数家外，荀氏、郑氏传世最多。然《汉书》谓费本无书，以《彖》《象》《文言》释经。而荀氏据爻象承应阴阳变化之义解说经意，是否为费之正传，亦不可知。郑《易》较为简单，恐亦非费氏正传。今学《易》者多依王弼之注，弼本费《易》，以文字论，费《易》无脱文，当为可信。余谓论《易》，只可如此而已。

此外，《古论语》不可见，今所传者，古、齐、鲁杂糅。《孝经》但存今文。关于典章、制度、事实之不同者，须依古文为准。至寻常修身之语，今、古文无大差别，则《论语》《孝经》之类，不必问其为古文或今文也。

十四博士皆今文，三国时始信古文。古文所以引起许多纠纷者，孔壁所得五十八篇之书，亡于汉末，西晋郑冲伪造二十五篇，今之孔氏《尚书》，即郑冲伪造之本。其中马、郑所本有者，未加窜改，所无者，即出郑冲伪造。又分虞书为《尧典》《舜典》二篇，分《皋陶谟》为《益稷》。《大禹谟》《五子之歌》《胤征》已亡，则补作三篇。既是伪作，不足置信。至汉人传《易》，是否《易》之正本不可知。

后则王弼一家为费氏书。宋陈希夷辈造先天八卦、河洛诸图，传之邵康节，此乃荒谬之说。东序河图，既无人见，孔子亦叹"河不出图"，则后世何由知其象也。先天八卦，以《说卦》方位本离南坎北者，改为乾南坤北，则与观象观法而造八卦之说不相应，此与《尚书》伪古文，同不可信。伪古文参考阎氏《古文尚书疏证》，河洛参考胡氏《易图明辨》。至今日治《书》而信伪古文，言《易》而及河洛、先天，则所谓门外汉矣。然汉人以误传误之说今文家。亦甚多。清儒用功较深，亦未入说经正轨，凡以其参杂今文故也。近孙诒让专讲《周礼》，为纯古文家。惜此等著述，至清末方见萌芽，如群经皆如此疏释，斯可谓入正轨矣。

经之由来及今古文之大概既明，须进而分讲各经之源流。今先讲《易经》。

初造文字，取法兽蹄鸟迹。画卦亦然。《易·系辞》云："古者庖牺氏之王天下也，仰则观象于天，俯则观法于地，观鸟兽之文，与地之宜，近取诸身，远取诸物，于是始作八卦。"今观乾、坤二卦，乾作☰，坤作☷。《抱朴子》云："八卦出于鹰隼之所被，六甲出于灵龟之所负。"盖鸟舒六翮，即成☰象，但取其翮而遗其身，即成☷象。于是或分或合，错而综之，则成八卦。此所以言观鸟兽之文也。抱朴子说，必有所受，然今无可考，施、孟、马、郑、荀爽皆未言之。

重卦出于何人，说者纷如。王弼以为伏羲，郑玄以为神农，孙盛以为夏禹，而太史公则以为文王。伏羲之说，由于《周礼》太卜掌三《易》之法，一曰《连山》，二曰《归藏》，三曰《周易》。三易均六十四卦，杜子春谓《连山》，伏羲；《归藏》，黄帝。王弼据之，故云重卦出于伏羲。然伏羲作《连山》，黄帝作《归藏》，语无凭证，故郑玄

孙诒让

不从之也。神农之说，由于《系辞》称"神农氏作，斫木为耜，揉木
为耒，盖取诸益；日中为市，交易而退，盖取诸噬嗑"二语。以神农
时已有益与噬嗑，故知重卦出于神农。然《系辞》所谓"盖取"，皆
想象之辞，乌可据为事实？夏禹之说，从郑玄之义蜕化而来。郑玄
《易赞》及《易论》云："夏曰《连山》，殷曰《归藏》，周曰《周
易》。"孙盛取之，以为夏有《连山》，即兼山之艮，可见重卦始于夏
禹。至文王之说，则太史公因"作《易》者，其有忧患乎"一语而为
是言。要之，上列诸说虽不可确知其是非。以余观之，则重卦必不在
夏禹之后，短中取长，则孙盛之说为可信耳。

至卦辞、爻辞之作，当是皆出文王。《系辞》云："《易》之兴也，当文王与纣之事耶？"又云："作《易》者，其有忧患乎？"太史公据此，谓"西伯拘而演《周易》"。故卦辞、爻辞并是文王被囚而作，或以为周公作爻辞，其说无据。如据韩宣子聘于鲁，见《易象》而称周公之德，以此知《易象》系于周公，故谓周公作爻辞。然韩宣子并及鲁之《春秋》，《春秋》岂周公作耶？如据"王用享于岐山"，及"箕子之明夷"，及"东邻杀牛，不如西邻之禴祭"诸文，以为岐山之王当是文王。文王被囚之时，犹未受命称王。箕子之被囚奴，武王观兵之后，文王不宜预言明夷。东邻指纣，西邻指文王，纣尚南面，文王不宜自称己德。以此知爻辞非文王作，而为周公作。然《禹贡》"导岍及岐"，是岐为名山，远在夏后之世。古帝王必祭山川，安知文王以前，竟无王者享于岐山乎？"箕子"二字，本又读为"荄滋"。赵宾说。且箕子被囚，在观兵以后，亦无实据。《象传》"内文明而外柔顺，以蒙大难，文王以之；内难而能正其志，箕子以之"，并未明言箕子之被囚奴，且不必被囚然后谓之明夷也。东邻、西邻，不过随意称说，安见东邻之必为纣，西邻之必为文王哉！据此三条，固不能谓爻辞必周公作矣。且《系辞》明言"殷之末世，周之盛德"，而不及周公之时。孔颖达乃谓文王被囚，固为忧患，周公流言，亦属忧患。此附会之语矣。余谓，据《左传》纣囚文王七年，七年之时甚久，卦辞、爻辞，不过五千余字，以七年之久，作五千余字，亦未为多。故应依太史公说，谓为文王作，则与《系辞》相应。

文王作《易》之时，在官卜筮之书，有《连山》《归藏》，文王之《易》与之等列，未必视为独重。且《周易》亦不止一部。《艺文志》六艺略首列《周易》十二篇，"数术略"著龟家又有《周易》三十八卷。且《左传》所载筮辞，不与今《周易》同者甚多。成季将生，筮得大有之乾，曰："同复于父，敬如君所。"秦缪伐晋，筮遇蛊，曰："千乘三去，三去之余，获其雄狐。"皆今《周易》所无，解之者疑为《连山》《归藏》。然《左传》明言以《周易》筮之，则非《连山》《归藏》也。余谓此不足疑，三十八卷中，或有此耳。今《周易》六十四卦，三百八十四爻，而焦延寿作《易林》，以六十四自乘，得四千九十六条。安知周代无《易林》一类之书，别存于《周易》之外乎？盖《连山》《归藏》《周易》，初同为卜筮之书，上下二篇之《周易》与三十八卷之《周易》，性质相同，亦无高下之分，至孔子赞《易》，乃专取文王所演者耳。

《易》何以称《易》，与夫《连山》《归藏》，何以称《连山》《归藏》，此颇费解。郑玄注《周礼》曰：《连山》似山出内气变也；归藏者，万物莫不归而藏于其中也。皆无可奈何而强为之辞。盖此二名本不可解。"周易"二字，周为代名，不必深论；易之名，《连山》《归藏》《周易》之所共。《周礼》太卜掌三《易》之法，《连山》《归藏》，均称为《易》。然易之义不可解。郑玄谓易有三义：易简，一也；变易，二也；不易，三也。"易简"之说，颇近牵强，然古人说易，多以易简为言。《左传》南蒯将叛，以《周易》占之，子服惠伯曰："《易》不可以占险。"则易有平易之意，且直读为易去声。矣。易者变动不居，周流六虚，不可为典要，唯变所适，则变易之义，最为易之确诂。惟"不易"之义，恐为附会。既曰易，如何又谓之不易哉？又《系辞》云："生生之谓易。"此义在变易、易简之外，然与字意不甚相关。故今日说《易》，但取变易、易简二义，至当时究何所取义而称之曰易，则不可知矣。

　　孔子赞《易》以前，人皆以《易》为卜筮之书。卜筮之书，后多有之，如东方朔《灵棋经》之类是。古人之视《周易》，亦如后人之视《灵棋经》耳。赞《易》之后，《易》之范围益大，而价值亦高。《系辞》曰："夫《易》何为者也？夫《易》开物成务，冒天下之道，如斯而已者也。"孔子之言如此。盖发展社会，创造事业，俱为《易》义所包矣。此孔子之独识也。文王作《易》，付之太卜一流。卜筮之徒，不知文王深意，至孔子乃视为穷高极远，于是《周易》遂为六经之一。秦皇焚书，以《易》为卜筮之书，未之焚也。故自孔子传商瞿之后，直至田何，中间未尝断绝。不如《尚书》经孔子删定之后，传授不明，至伏生，突然以传《书》著称。亦不如《诗》经删定之后，传授不明，至辕固生、韩婴等突然以传《诗》著称也。《鲁诗》虽云浮邱伯受于荀卿，而荀卿之前不可知。《毛诗》虽云传自子夏，然其事不见于《艺文志》，亦不见于《汉书·儒林传》。惟《易》之传授，最为清楚，自商瞿一传至桥庇子庸，二传至馯臂子弓，三传至周丑子家，四传至孙虞子乘，五传而至田何。其历史明白如此，篇章亦未有阙脱。《艺文志》：《周易》十二篇，施、孟、梁丘三家。向来说经者，往往据此疑彼，惟《易》一无可疑。以秦本未焚，汉仍完整也。欧阳修经学疏浅，首疑《系辞》非孔子作，以为《系辞》中有"子曰"字，决非孔子自道。然《史记》自称太史公曰，太史公下腐刑时，已非太史令矣。而《报任少卿书》犹自称太史公，即欧阳修作《秋声赋》，亦自称欧阳子，安得谓《史记》非太史公作，《秋声赋》非欧阳修作哉？商瞿受《易》之时，或与孔子问答，退而题"子曰"字，事未可知，安得径谓非孔子作哉？欧阳修无谓之疑，犹不足怪，后人亦无尊信之者。近皮锡瑞经学颇有功夫，亦疑《易》非文王作，以为卦辞、爻辞皆孔子作，夫以卦辞、爻辞为孔子作，则《系辞》当非孔子作矣。然则《系辞》谁作之哉？皮氏于此未能明言。夫《易》自商瞿至田何，十二篇师师相传，并未有人增损。晋人发冢，得《周易》上下经，无十翼，此不足怪，或当时但录经文，不录十翼耳。《系辞》明言："易之兴也，其当殷之末世，周之盛德邪？当文王与纣之事邪？"如上下经为孔子作，则不得不推翻此二语。且田何所传，已有《系辞》，田何上去孔子不及三百年，亦如今之去顾亭林时耳。人纵疏于考证，必不至误认顾亭林书为唐宋人书也。又"文言"二字，亦有异解。梁武帝谓文言者，文王之言也。今按："元者，善之长也；亨者，嘉之会也；利者，义之和也；贞者，事之干也。君子体仁足以长人，嘉会足以合礼，利物足以和义，贞固足以干事。"此五十字为穆姜语，惟"善之长也"作"体之长也"略异。穆姜在孔子前，故梁武帝谓为文王之言。然文王既作卦辞曰"元、亨、利、贞"，而又自作《文言》以解之，恐涉词费。由今思之，或文王以后，孔子以前，说《易》者发为是言，而孔子采之耳。所以题曰"文言"者，盖解释文王之言。

《史记·孔子世家》："孔子晚而喜《易》，读《易》韦编三绝。"如孔子以前，但有六十四卦之名，亦何须数数披览，至于韦编三绝耶？必已有五千余字，孔子披览之勤，故韦编三绝也。陈希夷辈意欲超过孔子，创先天八卦之说，不知八卦成列由观象于天、观法于地而来，其方位见于《说卦传》。即陈希夷辈所谓后天八卦。当时所观之天，为全世界共见之天，所观之地，则中国之地也。今以全地球言之，中国位东半球之东部，八卦方位，就中国所见而定。乾在西北者，中国之西北也；坤在西南者，中国之西南也。古人以北极标天，以昆仑标地。就中国之地而观之，北极在中国西北，故乾位西北。昆仑在中国西南，故坤位西南。正南之离为火，即赤道，正北之坎为水，即翰海。观象观法，以中国之地为本，故八卦方位如此。后之先天八卦，乾在南而坤在北，与天文地理全不相应。作先天八卦者，但知乾为高明之象，以之标阳；坤为沉潜之象，以之标阴。遂谓坤应在北，乾应在南。不知仰观俯察，非言阴阳，乃言方位耳。《周礼》："圜丘祭天，方泽祭地。"郑玄《注》："祭天谓祭北极，祭地谓祭昆仑。"人以北极、昆仑分标天地，于此可见先天八卦为无知妄作矣。

《汉书·五行志》刘歆曰："伏羲氏继天而王，受《河图》而则画之，八卦是也；禹治洪水，赐《洛书》，法而陈之，《洪范》是也。"然不知所谓《图》《书》者何物也。至宋刘牧以《乾凿度》九宫之法为《河图》，又以生数就成数依五方图之，以为《洛书》。更有《洞极经》亦言《河图》《洛书》，则如刘牧之说而互易之，以五方者为《图》，九宫者为《书》。然郑氏、虞氏说《易》，并不以"九宫""五方"为《图》《书》。桓谭《新论》曰："《河图》《洛书》，但有朕兆而不可知。"是汉人虽说《河图》《洛书》，却未言《图》《书》为何象。宋人说《易》，创为《河》《洛》及《先天八卦图》。朱晦庵《易本义》亦列此图。其实先天图书，荒唐悠谬，要当以左道视之，等之天师一流可矣。

其余说《易》者，汉儒主象数，王弼入清谈。拘牵象数，固非至当；流入清谈，亦非了义。乾、坤二卦，以及既济、未济，以清谈释之，说亦可通。然其他六十卦，恐非清谈所能了也。《系辞》云："夫《易》开物成务，冒天下之道。"谓"冒天下之道"，则佛法自亦在内。李鼎祚《集解序》云："权舆三教，钤键九流。"详李氏此说，非但佛法在内，墨、道、名、法，均入《易》之范围矣。然李氏虽作此说，亦不能有所发明。孔颖达云："《易》理难穷。虽复玄之又玄，至于垂范作则，便是有而教有。若论住内住外之空，就能就所之说，斯乃义涉于释氏，非为教于孔门。"然《正义》依王、韩为说，往往杂以清谈。后之解者因清谈而入佛法。虽为孔氏所不取，然《易》理亦自包含佛法。论说经之正则，非不但佛法不可引用，即《老子》"玄之又玄"之语，亦不应取。如欲穷究《易》理，则不但应取老庄，即佛法亦不得不取。其他九流之说，固无妨并采之矣。

《礼记·经解》曰："《易》之失，贼。"此至言也。尚清谈者，犹不致贼。如以施之人事，则必用机械之心；用机械之心太过，即不自觉为贼矣！盖作《易》者本有忧患，故曰"其辞危"。危者使平，易者使倾，若之何其不贼也。若蔡泽以亢龙说范雎，取范雎之位而代之，此真可谓贼矣。夫蔡泽犹浅言之耳。当文王被囚七年，使四友献宝，纣见宝而喜，曰谮西伯者，乃崇侯虎也。则文王亦何尝讳贼哉！论其大者远者，所谓"开物成务，冒天下之道"是矣。"冒天下之道"者，权舆三教也。"开物成务"者，钤键九流也。然不用权谋，则不能开物成务。不极玄妙，则不能冒天下之道。管辂谓善《易》者不言《易》。然则真传《易》者，正恐不肯轻道阴阳也。以上讲《周易》大概。

《尚书》分六段讲：一、命名；二、孔子删《书》；三、秦焚《书》；四、汉今古文之分；五、东晋古文；六、明清人说《尚书》者。

一、命名。周、秦之《书》，但称曰《书》，无称《尚书》者。《尚书》之名，见于《史记·五帝本纪》《三代世表》及《儒林传》。《儒林传》云：伏生以二十九篇"教于齐、鲁之间，学者由是颇能言

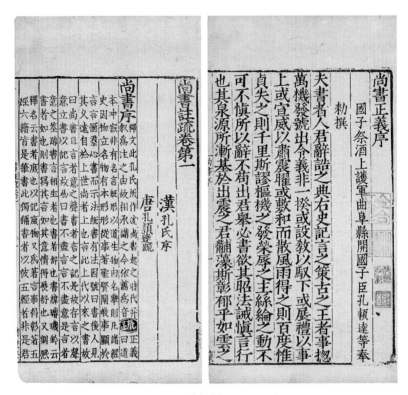

《尚书》

《尚书》。"又云："孔氏有古文《尚书》。"则今、古文皆称《尚书》也。何以称之曰《尚书》？《伪孔尚书·序》云："以其上古之书，谓之《尚书》。"此言不始于伪孔，马融亦谓："上古有虞氏之书，故曰《尚书》。"而郑玄则以为孔子尊而命之曰《尚书》。然孔子既命之曰《尚书》，何以孔子之后，伏生之前，传记子书无言《尚书》者？恐《尚书》非孔子名之，汉人名之耳。何以汉人名之曰《尚书》？盖仅一"书"字，不能成名，故为此累言尔。《书》包虞、夏、商、周四代文告，马融独称虞者，因《书》以《尧典》《舜典》开端，故据以为名，亦犹《仪礼》汉人称《士礼》耳。《仪礼》不皆士礼，亦有诸侯大夫礼，所以称《士礼》者，以其首篇为《士冠礼》也。哀、平以后，纬书渐出，有所谓《中候》者。汉儒谓孔子定《书》一百二十篇，百两篇为《尚书》，十八篇为《中候》。"中候"，官名。以中候对尚书，则以尚书为官名矣。汉尚书令不过千石，分曹尚书六百石，位秩虽卑，权任实大。北军中候六百石，掌监五营。汉人以为文吏位小而权大者尚书，武臣位小而权大者中候，故以为匹。此荒谬之说，不足具论。要之，《尚书》命名，以马融说为最当。

二、删《书》。孔子删《书》，以何为凭？曰：以《书序》为凭。《书序》所有，皆孔子所录也。然何以知孔子删《书》而为百篇，焉知非本是百篇而孔子依次录之耶？曰：有《逸周书》在，可证《尚书》本不止百篇也。且《左传》载封伯禽、封唐叔皆有诰，今《书》无之，是必为孔子所删矣。至于《书》之有《序》，与《易》之有《序卦》同。《序卦》孔子所作，故汉人亦以《书序》为孔子作。他且勿论，但观《史记·孔子世家》曰："孔子序《书传》，上纪唐、虞之际，下至秦缪，编次其事。"是太史公已以《书序》为孔子作矣。夏、殷《本纪》多采《书序》之文。《汉书·艺文志》本向、歆《七略》，亦曰："《书》之所起远矣，至孔子焉，上断于尧，下讫于秦，凡百篇，而为之序。"是刘氏父子亦以《书序》为孔子作矣。汉人说经，于此并无异词。然古文《尚书》自当有序，今文则当无序，而今《熹平石经》残石，《书》亦有序，甚可疑也。或者今人伪造之耳。何以疑今文《尚书序》伪也？刘歆欲立古文时，今文家诸博士不肯，谓《尚书》唯有二十八篇，不信本有百篇，如有《书序》，则不至以《尚书》为备矣。《书序》有数篇同序，亦有一篇一序者。《尧典》《舜典》，一篇一序也。《大禹谟》《皋陶》《弃稷》，三篇同序也。数篇同序者，

《书序》所习见，然扬子《法言》曰："昔之说《书》者序以百，而《酒诰》之篇俄空焉。"盖《康诰》《酒诰》《梓材》三篇同序，而扬子以为仅《康诰》有序，《酒诰》无序，或者《尚书》真有无序之篇，以《酒诰》为无序，则《梓材》亦无序。今观《康诰》曰："周公咸勤，乃洪大诰治。王若曰：'孟侯，朕其弟，小子封。'"王者，周公代王自称之词，故曰"孟侯，朕其弟"矣。《酒诰》称"成王若曰：'明大命于妹邦'"，今文如此，古文马、郑、王本亦然。马融之意，以为"成"字，后录书者加之。然康叔始封而作《康诰》，与成王即政而作《酒诰》，年代相去甚久，不当并为一序。故扬子以为《酒诰》之篇俄空焉。不但《酒诰》之序俄空，即《梓材》亦不能确知为何人之语也。

汉时古文家皆以《书序》为孔子作，唐人作《五经正义》时，并无异词，宋初亦无异词。朱晦庵出，忽然生疑。蔡沈作《集传》，遂屏《书序》而不载。晦庵说经本多荒谬之言，于《诗》不信《小序》，于《尚书》亦不信有序。《后汉书》称卫宏作《诗序》。卫宏之序，是否即《小序》，今不可知。晦庵以此为疑，犹可说也。《书序》向来无疑之者，乃据《康诰》"王若曰：'孟侯，朕其弟'"一语而疑之，以为如王为成王，则不应称康叔为弟；如为周公，则周公不应称王，心拟武王。而《书序》明言"成王既伐管叔、蔡叔，以殷余民封康叔"，知其事必在武庚叛灭之后，决非武王时事。无可奈何，乃云《书序》伪造。不知古今殊世，后世一切官职皆可代理，惟王不可代。古人视王亦如官吏，未尝不可代。生于后世，不能再见古人。如生民国，见内阁摄政，而布告署大总统令，则可释然于周公之事矣。《诗》是文言，必须有序，乃可知作《诗》之旨。《书》本叙事，似不必有序，然《尚书》有无头无尾之语，如《甘誓》"大战于甘，乃召六卿"，未明言谁与谁大战。又称"王曰：'嗟六事之人，予誓告汝，有扈氏威侮五行，怠弃三正'。"亦不明言王之为谁。如无《书序》"启与有扈战于甘之野"一语，真似冥冥长夜，终古不晓矣。孔子未作《书序》之前，王字当有异论，其后《墨子》所引《甘誓》以王为禹。《商书序》称王必举其名，本文亦然。《周书》与《夏书》相似，王之为谁，皆不可知。《吕刑》穆王时作，本文但言王享国百年，序始明言穆王。如不读序，从何知为穆王哉！是故，《书》无序亦不可解。自虞、夏至孔子时，《书》虽未有序，亦必有目录之类，历古相传，故孔子得据以为去取。否则孔子将何以删《书》也？《书序》文义古奥，不若《诗序》之平易，决非汉人所能伪造。自《史记》已录《书序》原文。太史公受古文于孔安国，安国得之壁中，则壁中《书》已有序矣。然自宋至明，读《尚书》者，皆不重《书序》。梅鷟首发伪古文之覆，亦以《书序》为疑。习非胜是，虽贤者亦不能免。不有清儒，则《书序》之疑，至今仍如冥冥长夜尔。

孔子删《书》，传之何人，未见明文。《易》与《春秋》三传，为说不同，其传授原流皆可考。《诗》《书》《礼》则不可知。子夏传《诗》，未可信据。盖《诗》《书》《礼》《乐》，古人以之教士，民间明习者众。孔子删《书》之时，习《书》者世多有之，故不必明言传与何人。《周易》《春秋》特明言传授者，《易》本卜筮之书；《春秋》为国之大典，其事秘密，不以教士，此犹近代实录不许示人。而孔子独以为教，故须明言传授也。伏生《尚书》，何从受之，不可知。孔壁古文既出，孔安国读之而能通，安国本受《尚书》于申公。此事在伏生之后。申公但有传《诗》传《穀梁》之说，其传《尚书》事，不载本传，何所受学，亦不可知。盖七国时，通《尚书》者尚多，故无须特为标榜耳。

孔子删《书》百篇之余为《逸周书》，今考《汉书·律历志》所引《武成》，与《逸周书·世俘解》词句相近，疑《世俘解》即《武成》篇。又《箕子》一篇，录入《逸周书》，今不可见，疑即今之《洪范》。《逸书》与百篇之《书》，文字出入，并非篇篇不同。盖《尚书》过多，以之教士，恐人未能毕读，不得不加以删节。亦如后之作史者，不能将前人实录，字字录之也。删《书》之故，不过如此。虽云《书》以道政事，然以其为孔子所删，而谓篇篇皆是大经大法，可以为后世模楷，正未必然。即实论之，《尚书》不过片段之史料而已。

三、秦焚书。秦之焚书，《尚书》受厄最甚。揆秦之意，何尝不欲全灭六经。无如《诗》乃口诵，易于流传；《礼》在当时，已不甚行，不须严令焚之。故禁令独重《诗》《书》，而不及《礼》。李斯奏言："有敢藏《诗》《书》百家语者，悉诣守尉杂烧之。有敢偶语《诗》《书》者弃市。"盖《诗》《书》所载，皆前代史迹，可作以古非今之资，《礼》《乐》都不甚相关。《春秋》事迹最近，最为所忌，特以柱下史张苍藏《左传》，故全书无缺。《公羊传》如今之讲义，师弟问答，未著竹帛，无从烧之。《穀梁》与《公羊》相似，至申公乃有传授。《易》本卜筮不禁。惟《尚书》文义古奥，不易熟读，故焚后传者少也。伏生所藏，究有若干篇，今不可知，所能读者二十九篇耳。孔壁序虽百篇，所藏止五十八篇。知《书》在秦时，已不全读。如其全读，何不全数藏之？盖自荀卿隆礼仪而杀《诗》《书》，百篇之书，全读者已少，故壁中止藏五十八篇也。此犹《诗》在汉初虽未缺，而治之者或为《雅》，或为《颂》，鲜有理全经者。又毛《传》《鲁诗》，皆以《国风》、大小《雅》

《颂》为四始，而《齐诗》以水、木、火、金为四始。其言卯、酉、午、戌、亥五际，亦但取《小雅》《大雅》而不及《颂》。盖杀《诗》《书》之影响如此。然则百篇之《书》，自孔壁已不具。近人好生异论，盖导原于郑樵。郑樵之意，以为秦之焚书，但焚民间之书，不焚博士官所藏。其实郑樵误读《史记》文句，故有此说。《史记》载李斯奏云："臣请：史官，非秦记皆烧之；非博士官所职，天下敢有藏《诗》《书》百家语者，悉诣守尉杂烧之。"此文本应读："天下敢有藏《诗》《书》、百家语非博士官所职者。"何以知之？以李斯之请烧书，本为反对博士淳于越，岂有民间不许藏《诗》《书》，而博士反得藏之之理？《叔孙通传》："陈胜起山东，二世召博士诸生问曰：'楚戍卒攻蕲入陈，于公如何？'博士诸生三十余人前曰：'人臣无将，将即反，罪死无赦，愿陛下急发兵击之。'二世怒，作色，叔孙通前曰：'诸生言，皆非也，明主在其上，法令具于下，人人奉职，四方辐辏，安敢有反者，此特群盗鼠窃狗盗耳。'二世喜曰：'善。'令御史案诸生言反者下吏，曰：'非所宜言。'"今案："人臣无将"二语，见《公羊传》，于时《公羊》尚未著竹帛，然犹以"非所宜言"得罪，假如称引《诗》《书》，其罪不更重哉！李斯明言："有敢偶语《诗》《书》者弃市。"如何博士而可藏《诗》《书》哉！李斯虽奏：偶语《诗》《书》者弃市。然其谏二世有曰："放弃《诗》《书》，极意声色，祖伊所以惧也。"此李斯前后相背处。郑樵误读李斯奏语，乃为妄说，以归罪于项羽。近康有为之流，采郑说而发挥之，遂谓秦时六经本未烧尽，博士可藏《诗》《书》，伏生为秦博士，传《尚书》二十九篇，以《尚书》本只有二十九篇故，《新学伪经考》主意即此。二十九篇之外，皆刘歆所伪造。余谓《书序》本有《汤诰》，壁中亦有《汤诰》原文，载《殷本纪》中。如谓二十九篇之外，皆是刘歆所造，则太史公焉得先采之？于是崔适谓《史记》所载不合二十九篇者，皆后人所加。《史记探源》如此说。由此说推之，凡古书不合己说者，无一不可云伪造，即谓尧、舜是孔子所伪造，孔子是汉人所伪造，秦皇焚书之案，亦汉人所伪造，迁、固之流，皆后人所伪造，何所不可？充类至尽，则凡非目见而在百年以外者，皆不可信。凡引经典以古非今者，不必焚其书，而其书自废。呜呼！孰料秦火之后，更有灭学之祸，什佰于秦火者耶！

四、汉古、今文之分。汉人传《书》者，伏生为今文，孔安国为古文，此人人所共知。《史记·儒林传》云："伏生故为秦博士，孝文时，欲求能治《尚书》者，天下无有，乃闻伏生能治，欲召之。时伏生年九十余，老不能行，于是乃诏太常使掌故朝错往受之。秦时禁书，伏生壁藏之。其后兵大起，流亡。汉定，伏生求其书，亡数十篇，独得二十九篇，即以教于齐、鲁之间。"其叙《尚书》源流彰明如此，可知伏生所藏，原系古文，无所谓今文也。且所藏不止二十九篇，其余散失不可见耳。朝错本法吏，不习古文，伏生之徒张生、欧阳生辈，恐亦非卓绝之流，但能以隶书迻写而已，以故二十九篇变而为今文也。其后刘向以中古文校伏生之《书》，《酒诰》脱简一，《召诰》脱简二，文字异者七百有余。文字之异，或由于张生、欧阳生等传写有误，脱简则当由壁藏断烂，然据此可知郑樵、康有为辈以为秦火不焚博士之书之谬。如博士之书可以不焚，伏生何必壁藏之耶？

《儒林传》称伏生得二十九篇，而刘歆《移让太常博士》云："《泰誓》后得，博士集而讀之。"又《论衡·正说篇》云："孝宣皇帝时，河内女子发老屋，得逸《易》《礼》《尚书》各一篇，奏之。宣帝下示博士，然后《易》《礼》《尚书》各益一篇，而《尚书》二十九篇始定。"然则伏生所得本二十九篇乎？抑二十八篇乎？余谓太史公已明言二十九篇，则二十九篇之说当可信。今观《尚书大传》有引《泰誓》语，《周本纪》《齐世家》亦有之。武帝时董仲舒、司马相如、终军辈，均太初以前人，亦引《泰誓》。由此可知伏生本有二十九篇，不待武帝末与宣帝时始为二十九篇也。意者，伏生所传之《泰誓》，或脱烂不全，至河内女子发屋，才得全本。今观汉、唐人所引，颇有出《尚书大传》外者，可见以河内女子本补之，《泰誓》始全也。马融辈以为《左传》《国语》《孟子》所引，皆非今之《泰誓》。《泰誓》称白鱼跃入王舟，火流为乌，语近神怪，以此疑今之《泰誓》。然如以今之《泰誓》为伏生所伪造，则非也。河内女子所得者，秦以前所藏，亦非伪造。以余观之，今之《泰誓》，盖当时解释《泰誓》者之言。《周语》有《泰誓故》，疑伏生所述，即《泰誓故》也。不得《泰誓》，以《泰誓故》补之，亦犹《考工记》之补《冬官》矣。然《泰誓》之文确有可疑者，所称"八百诸侯，不召自来，不期同时，不谋同辞"，何其诞也？武王伐纣如有征调，当先下令。不征调而自来，不令而同时俱至，事越常理，振古希闻。据《乐记》孔子与宾牟贾论大武之言曰："久立于缀，以待诸侯之至也。"可见诸侯毕会，亦非易事，焉得八百诸侯，同时自来之事耶？此殆解释《泰誓》者张大其辞，以耸人听闻耳。据《牧誓》武王伐纣，虽有友邦冢君，然《誓》曰："逖矣，西土之人！"可知非西土之人，武王所不用也。又曰：庸、蜀、羌、髳、微、卢、彭、濮人。庸、蜀、羌、髳、微、卢、彭、濮均在周之南部，武王但用此南部之人，而不用诸侯之师者，以庸、蜀诸师本在西方，亲加训练，而东方诸侯之师，非其所训练者也。所以召东方诸侯者，不过壮声势扬威武而已。此条马融疑之，余亦以

伏生授经图

为可疑。又观兵之说，亦不可信。岂有诸侯既会，皆曰可伐，而武王必待天命，忽然还师之理乎？是故，伏生《泰誓》不可信。若以《泰誓故》视之，亦如《三国志注》，采《魏略》《曹瞒传》之类，未始不可为参考之助也。《泰誓》亦有今古文之别，"流为乌"，郑《注》："古文乌为雕。"盖古文者河内女子所发，今文者伏生所传也。此古文非孔壁所得。伏生发藏之后，张生、欧阳生传之。据《史记·娄敬传》，高帝时，娄敬已引八百诸侯之语；又《陆贾传》称陆生时时前称说

孔颖达像

《诗》《书》，可见汉初尚有人知《尚书》者。盖娄敬、陆贾早岁诵习而晚失其书，故《儒林传》云"孝文时求为《尚书》者，天下无有"。无有者，无其《书》耳。然《贾谊传》称谊"年十八，以能诵《诗》属《书》闻于郡中"。其时在文帝之前，《诗》本讽诵在口，《尚书》则必在篇籍矣。可知当时传《书》者，不仅伏生一人，特伏生为秦博士，故著名尔。

《尚书》在景帝以前，流传者皆今文。武帝初，鲁恭王坏孔子宅，得古文《尚书》，孔安国献之。据《史记》《汉书》及《说文序》所引，所得不止《尚书》一种。孔安国何以能通古文《尚书》？以其本治《尚书》也。伏生传《书》之后，未得壁经之前，《史记》称鲁周霸、孔安国，洛阳贾嘉，颇能言《尚书》事。孔安国、周霸，皆申公弟子。申公之治《尚书》，于此可见。贾谊本诵《诗》《书》，故其孙嘉亦能治《尚书》。孔安国为博士，以《书》教授。兒宽初受业于欧阳生，后又受业于安国。所以然者，以欧阳生本与孔安国本不同耳。兒宽之徒，为欧阳高、大小夏侯，欧阳、大小夏侯三家本之兒宽，而兒宽本之孔安国。孔安国非本之伏生，则汉之所谓今文《尚书》者，名为伏生所传，实非伏生所传也。三家《尚书》亦有孔安国说。今谓三家悉本伏生，未尽当也。

今文《尚书》之名见称于世，始于三国，而非始于汉人。人皆据《史记·儒林传》"孔氏有古文《尚书》，而安国以今文读之"一语，谓孔安国以今文《尚书》翻译古文。此实不然。《汉书》称"孔安国以今文字读之"，谓以隶书读古文耳。孔安国所得者为五十八篇，较伏生二十九篇分为三十四篇者，实多二十四篇。二十四篇中《九共》九篇，故汉人通称为十六篇。孔安国既以今文字读之，而《史记》又谓《逸周书》得十余篇，《尚书》兹多于是。可知孔安国非以伏生之《书》读古文也。盖汉初人识古文者犹多，本不须伏生之《书》对勘也。

孔安国之《书》授都尉朝，都尉朝授胶东庸生，庸生授胡常，常授徐敖，敖授王璜、涂恽。自孔至王、涂凡五传。王、涂至王莽时，古文《尚书》立于学官。涂传东汉贾徽。太史公从孔安国问，《汉书》称迁书载《尧典》《禹贡》《洪范》《微子》《金縢》诸篇多古文说。然太史公所传者，不以伏生之《书》为限，故《汤诰》一篇，《殷本纪》载之。

哀帝时刘歆欲以古文《尚书》立学官，博士不肯，博士抱残守缺，亦如今之教授，己不能讲，不愿人讲也。歆移书让之，王莽时，乃立于学官，莽败，说虽不传，《书》则具存。盖古文本为竹简，经莽乱而散失，其存者惟传钞本耳。东汉杜林，于西州天水郡，今甘肃秦州。得漆书一篇，林宝爱之，以传卫宏、徐巡，杜林所得必为王莽乱后流传至天水郡者。其后，马、郑犹能知《逸》篇数，郑玄、许慎亦能引之者，盖传写犹可见，而真本则已亡矣。后汉讲古文者自此始。杜林非由孔安国直接传授，早岁学于张敞之孙张竦。林之好古文，盖渊源于张氏。其后马融、郑玄注《尚书》，但注伏生所有，不注伏生所无，于孔安国五十八篇不全注。马融受之何人不可知，惟贾逵受《书》于父徽，逵弟子许慎作《说文解字》。是故，《说文》所称古文《尚书》，当较马、郑为可信，然其中亦有异同。今欲求安国正传，惟《史记》耳。《汉书》云迁书《尧典》五篇为古文说，然《五帝本纪》所载《尧典》与后人所说不同。所以然者，杜林所读与孔安国本不甚同也。《说文》"圛"下称"《尚书》曰：'圛圛升云，半有半无。'"据郑玄《注》称古文《尚书》以弟为圛，而《宋微子世家》引《洪范》"曰雨曰济曰涕"，字作涕，是太史公承孔安国正传。孔安国作涕，而东汉人读之为圛，恐是承用今文，非古文也。自清以来，治《尚书》者皆以马、郑为宗，段玉裁作《古文尚书撰异》，以为马、郑是真古文，太史公是今文。不知太史公之治古文，《汉书》具有明文。以马、郑异读，故生异说耳。

熹平石经

古文家所读，时亦谓之古文。此义为余所摘发。治古文者，不可不知。盖古文家传经必依原本钞写一通，马融本当犹近真，郑玄本则多改字。古文真本今不可见，惟有《三体石经》尚见一斑。《三体石经》为邯郸淳所书，淳师度尚，尚治古文《尚书》。邯郸淳之本，实由度尚而来。据卫恒《四体书势》，称魏世传古文者，惟邯郸淳一人。何以仅得邯郸淳一人，而郑玄之徒无有传者？盖郑玄晚年，书多腐敝，不得于礼堂写定，传与其人。故传古文者，仅一邯郸淳也。今观《三体石经》残石，上一字为古文，中一字为篆文，下一字为隶书。篆书往往与上一字古文不同。盖篆书即古文家所读之字矣。例如《三体石经·无逸》篇"中宗"之"中"，上一字为"中"，下一字为"仲"，此即古文家读"中，仲也"。考《华山碑》，亦称宣帝为仲宗。欧阳修疑为好奇，实则汉人本读中为仲也。

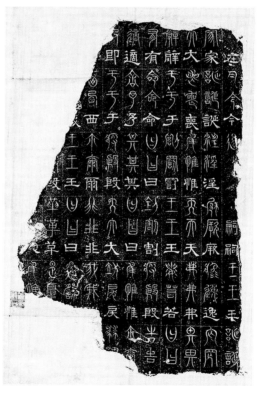

三体石经

今文为欧阳、大小夏侯三家，传至三国而绝。然蔡邕《熹平石经》犹依今文。今欲研究今文，只可求之《汉书》《后汉书》及汉碑所引。然汉碑所引，恐亦有古文在。

五、东晋古文。今之《尚书》，乃东晋之伪古文，据《尚书正义》引《晋书》，定为郑冲所作。以马、郑所有者，分《尧典》为《舜典》，《舜典》，《书序》中本有。更分《皋陶谟》为《益稷》。又改作《泰誓》，此外又伪造二十五篇。不但伪造经，且伪造传。亦称《孔传》。自西晋开始伪造以后，更四十余年，至东晋梅颐始献之。字体以古文作隶书，名曰"隶古定"。人以其多古字，且与《三体石经》相近，遂信以为真孔子之传，于是众皆传之。甚至孔颖达作《尚书正义》，亦以马、郑为今文矣。

梅颐献书之时，缺《舜典》一篇，分《尧典》"慎徽五典"以下为《舜典》之首。至齐建武四年姚方兴献《舜典》，于"慎徽五典"之上加"曰：若稽古，帝舜"等十二字。而梁武帝时为博士，议曰："孔序称伏生误合五篇，皆文相承接，所以致误。"《舜典》首有"曰若稽古"，伏生虽昏耄，何容合之？遂不行用。然其后江南皆信梅书，惟北朝犹用郑本耳。隋一天下，采南朝经说，乃纯用东晋古文，即姚方兴十二字本也。其后又不知如何增为二十八字，今注疏本是已。

东晋古文，又有今文、古文之分。以"隶古定"传授不易，故改用今文写之，传之者有范宁等。唐玄宗时，卫包以古文本改为今文，用隶书写之，唐石经即依是本。然《经典释文》犹未改也。宋开宝初始改。唐、宋间亦多有引古文《尚书》者，如颜师古之《匡谬正俗》，玄应之《一切经音义》，郭忠恕之《汗简》，徐锴之《说文系传》皆是。宋仁宗时，宋次道得古文《尚书》，传至南宋，薛季宣据以作训，而段玉裁以为宋人假造，然以校《汗简》及足利本《尚书》，均符合。

要之真正古文，惟《三体石经》可据。东晋古文则以薛季宣本、敦煌本、足利本为可据耳。

六、明、清人说《尚书》者。明正德时，梅鷟始攻东晋古文之伪。梅鷟之前，吴棫、朱熹亦尝疑之，以为岂有古文反较今文易读之理？至梅鷟出，证据乃备。梅鷟不信孔安国得古文《尚书》，以为东晋古文即成帝时张霸伪造之《百两篇》，然校《汉书》原文可知其误。张霸之《百两篇》，分析众篇，略加首尾而已。东晋古文非从二十九篇分出，自非张霸本也。此梅鷟之误。清康熙时，阎若璩作《古文尚书疏证》，始知郑康成《尚书》为真本。阎氏谓《孟子》引"父母使舜完廪"一段为《舜典》之文，此说当确。惠栋《古文尚书考》，较阎氏为简要。其弟子江声，艮庭。作《尚书集注音疏》，于今文、古文，不加分别。古文"钦明文思安安"，今文作"钦明文塞宴宴"。东晋古文犹作"钦明文思安安"，江氏不信东晋古文，宁改为"文塞宴宴"。于是王鸣盛西庄。作《尚书后案》，一以郑康成本为主，所不同者，概行驳斥，虽较江为可信，亦非治经之道。至孙星衍作《尚书今古文注疏》，古文采马、郑本，今文采两《汉书》所引，虽优于王之墨守，然其所疏释，于本文未能联贯。盖孙氏学力有余，而识见不足，故有此病。今人以为孙书完备，此亦短中取长耳。要之，清儒之治《尚书》者，均不足取也。今文家以陈寿祺、乔枞父子为优。凡汉人《书》说皆入网罗，并不全篇下注，亦不问其上下文义合与不合。所考今文，尚无大谬。其后魏源默深。作《书古微》，最为荒谬。魏源于陈氏父子之书，恐未全见，自以为采辑今文，其实亦不尽合。源本非经学专家，晚年始以治经为名，犹不足怪。近皮锡瑞所著，采陈氏书甚多。陈氏并无今古是否之论，其意在网罗散失而已。皮氏则以为今文皆是，古文皆非。其最荒谬者，《史记》明引《汤诰》，在伏生二十九篇之外。太史公亦明言"年十岁诵古文"，而皮氏以为此所谓古文，乃汉以前之书，非古文《尚书》也，此诚不知而妄作矣。

古文残阙，《三体石经》存字无几，其他引马、郑之言，亦已无多，然犹有马、郑之绪余在。今日治《书》，且当依薛季宣《古文训》，及日本足利本古文，删去伪孔所造之二十五篇，则本文已足。全训释一事，当以古文《尚书》读应《尔雅》一言为准。以《尔雅》释《书》，十可得其七八，斯亦可矣。王引之《经义述闻》，解《尚书》者近百条；近孙诒让作《尚书骈枝》，亦有六七十条，义均明确，犹有不合处。余有《古文尚书拾遗》，自觉较江、王、孙三家略胜。然全书总未能通释，此有待后贤之研讨矣。

古人有言：“昔吾有先正，其言明且清。”训诂之道，虽有古今之异，然造语行文，无甚差池，古人决不至故作不可解之语。故今日治《书》，当先求通文理。如文理不通，而高谈“微言大义”，失之远矣。不但治经如此，读古书无不如此也。

经学略说（下）

（一九三五年）

《虞书》曰："诗言志，歌永言，声依永，律和声。"先有志而后有诗。诗者志之所发也。然有志亦可发为文。诗之异于文者，以其可歌也。所谓"歌永言"，即诗与文不同之处。永者，延长其音也。延长其音，而有高下洪纤之别，遂生宫、商、角、徵、羽之名。律者所以定声音也。既须永言，又须依永，于是不得不有韵。急语无收声，收声即有韵，前后句收声相同即韵也。诗之有韵，即由"歌永言"来。

《虞书》载"元首明哉，股肱良哉，庶事康哉"、"元首丛脞哉，股肱惰哉，万事堕哉"二歌，可见尧、舜时已有诗。《尚书大传》有《卿云之歌》。汉初人语，未必可信。《乐记》云："舜作五弦之琴以歌南风。"今所传《南风歌》，出王肃《家语》，他无所见，亦不可信。唐、虞之诗，要以二《典》所载为可信耳。郑康成《诗谱序》云："有夏承之，篇章泯弃，靡有孑遗。"而今《尚书》载《五子之歌》，可知其为晋人伪造也。《诗谱序》又云："降及商王，不风不雅。"此谓商但有《颂》，《风》《雅》不可见矣。《周礼·太师》："教六诗：曰风，曰赋，曰比，曰兴，曰雅，曰颂。"赋、比、兴与风、雅、颂并列，则为诗体无疑。今《毛传》言兴者甚多，恐非赋、比、兴之兴耳。赋体后世盛行。《毛传》以升高能赋，为九能之一，谓之德音。周末屈原、荀卿俱有赋。赋既在风、雅、颂之外，比、兴当亦若是。

惟孔子删《诗》，存风、雅、颂，而去赋、比、兴。《郑志》答张逸问：“赋、比、兴，吴札观诗已不歌。”盖不歌而诵谓之赋，赋不可歌，与风、雅、颂异，故季札不得闻也。比、兴不知如何。赋、比、兴之外，又有《九德之歌》，《左传》郤缺曰：“九功之德，皆可歌也，谓之九歌。六府三事，谓之九功。水、火、金、木、土、谷，谓之六府，正德、利用、厚生，谓之三事。”合之为十五种。今《诗》仅存风、雅、颂三种。

《诗·大序》：“风，风也”；“雅，正也”；“颂者，美盛德之形容，以其成功告于神明者也。”风有讽谕之义。雅之训正，读若《尔雅》之雅。然风、雅、颂之雅，恐本不训正。《说文》：“疋，古文以为《诗·大雅》字。”一曰“疋”，记也。“疋”即今“疏”字，然则诗之称疋，纪事之谓，亦犹后世称杜工部诗曰诗史。故《大雅》《小雅》无非纪事之诗。或谓雅即“雅乌”。孔子曰：“乌，盱呼也。”李斯《谏逐客书》：“击瓮叩缶，弹筝搏髀，而歌呼呜呜快耳者，真秦之声也。”杨恽《报孙会宗书》：“家本秦也，能为秦声”，“仰天抚缶而呼呜呜”。秦本周地，故大、小《雅》皆以雅名。所谓乌乌，秦声者，即今之梆子腔也。此亦可备一说。余意《说文》训疋为记，乃雅之正义，以其性质言也。雅乌可为雅之别一义，以其声调言也。至正之一训，乃后起之义。盖以雅为正调，故释之曰正耳。

诗以四言为主，取其可歌，然亦有二言三言以至九言者，惟不多见耳。今按：“肇禋”，二言也。“泂酌彼行潦挹彼注兹”，九言也。一言太短，不可以歌，故三百篇无一言之诗。然梁鸿《五噫》之歌曰：“陟彼北芒兮，噫！顾览帝京兮，噫！宫室崔嵬兮，噫！人之劬劳兮，噫！辽辽未央兮，噫！”则一言未始不可成句，或者三百篇中偶然无一言之句耳。非一言之句必不可歌也。

《诗经》而后，四言渐少。汉世五言盛行，唐则七言为多，八言九言偶一为之。三言惟汉《郊祀歌》用之。六言亦不多见。《汉书》所录汉人四言之作，有韦孟《谏诗》一首，《在邹诗》一首，韦玄成《自责诗》一首，《戒子孙诗》一首，西汉所作，传于世者，尽于此矣。魏武帝作《短歌》，犹用四言，虽格调有异《诗经》，然犹有霸气。至《文选》所录魏、晋间四言之作，语多迂腐。自是之后，四言衰歇，五言盛行。李白谓"兴寄深微，五言不如四言，七言尤其靡也"。然所作《雪谗诗》讥刺杨妃，有乖敦厚之义，或故为大言以欺人耳。又杂言一体，《诗经》所有。汉乐府往往用之，唐人歌行亦用之。夫抒写性情，贵在自由，不宜过于拘束，如必句句字数相同，或不能发挥尽致。故杂言之作，未为不可。今人创新体诗，以杂言为主，可也，但无韵终不成诗耳。以上论诗之大概。

太史公谓古诗三千余篇，盖合六诗九德之歌言之。孔子删《诗》，仅取三百余篇。盖以古诗过多，不能全读，故删之尔，未必其余皆不足观也。或谓孔子删《诗》与昭明之作《文选》有异。余意不然，《文选》为总集，《诗经》亦总集，性质正复相似，所谓"自卫反鲁，然后乐正，雅、颂各得其所"者。决非未正以前，雅入颂，颂入雅也。雅主记事，篇幅舒长；颂主赞美，章节简短，但观形式，已易辨别。且其声调又不同，何至相乱，或次序颠倒，孔子更定之耳。

风、雅有正变，盛周为正，衰周为变。颂无正变，因风、雅有美有刺，颂则有美无刺也。《鲁语》闵马父之言曰：昔正考父校商之名颂十二篇于周太师，以《那》为首。今《商颂》仅存五篇，其余七篇，或孔子时而已佚矣。据今《商颂》，有商初所作，亦有武丁时所作，而《周颂》皆成王时诗，后则无有。《孟子》曰："由汤至于武丁，贤圣之君六七作。"故颂声未息，周则成王以后无贤圣也。或以《鲁颂》为僭天子之礼。若然，孔子当屏而不录。孔子录之，将何以说？案：《周官·籥章》："龡豳诗以逆暑迎寒，龡豳雅以乐田畯，龡豳颂以息老物。"同为《七月》之诗，而风、雅、颂异名者，歌诗之时，其声调三变尔。《豳风》非天子之诗，而可称颂，则《鲁颂》称颂而孔子录之，无可怪也。今观《泮水》《閟宫》之属，体制近雅而不近颂，若以雅为称，则无可讥矣。

《史记·孔子世家》称："三百五篇，孔子皆弦歌之，以求合《韶》《武》《雅》《颂》之音。"然则今之《诗经》，在孔子时无一不可歌也。《汉书·礼乐志》云："河间献王献雅乐，天子下大乐官常存肄之。"是其乐谱尚在。后则可歌者，惟《鹿鸣》《伐檀》等十二篇耳。近人以《鹿鸣》《伐檀》等谱一字一声，无抑扬高下之音，疑为唐人所作。然一字一声，不但《诗经》为然，宋词亦然。姜夔、张炎之谱可证也。一字之谱多声，始于元曲，古人未必如是。孔子曰："放郑声。"又曰："恶郑声之乱雅乐。"汉儒解"郑声"以为烦手躑躅之声。张仲景《伤寒论》云："实则谵语，虚则郑声。"郑声者，重语也。可见汉人皆读"郑"为郑重之"郑"。"郑声"即一字而谱多声之谓。唐人所传十二诗之谱，一字一声，正是雅乐，无可致疑。以上论诗之可歌。

《诗》以口诵，至秦未焚。汉兴有齐、鲁、毛、韩四家。齐、鲁、韩三家无笙诗，为三百五篇。毛有笙诗，为三百十一篇。笙诗有其义而亡其辞，则四家篇数本相同也。笙诗六篇，殆如今之乐曲，有声音节奏而无文词。所不同者，《小雅·彼都人士》"狐裘黄黄，其容不改，出言有章，行归于周，万民所望"数句，三家所无，而毛独有，此其最著者也。其余文字虽有异同，不如《尚书》今古文之甚。以《诗》为口诵，故无形近之讹耳。

《鲁诗》出自浮邱伯，申公传之。鲁人所传，故曰《鲁诗》。《齐诗》传自辕固生，齐人所传，故曰《齐诗》。《韩诗》传自韩婴，据姓为称，故曰《韩诗》。齐、韩二家，当汉景帝时，在《鲁诗》之后。《毛诗》者，毛公所传，故曰《毛诗》。相传毛公之学出自子夏，三国时吴徐整谓子夏授高行子，高行子授薛仓子，薛仓子授帛妙子，帛妙子授河间人大毛公，毛公为《诗故训传》于家，授赵人小毛公，小毛公为河间献王博士。而陆玑则谓子夏传曾申，申传魏人李克，李克传鲁人孟仲子，孟仲子传根牟子，根牟子传赵人孙卿子，孙卿子传鲁人大毛公。由徐整之说，则子夏五传而至大毛公；由陆玑之说，则子夏七传而至大毛公。所以参差者，二家之言，互有详略耳。大毛公名亨，小毛公名苌，今之《诗传》乃大毛公所作，当称《毛亨诗传》，而世皆误以为毛苌，不可不正也。

《毛诗·丝衣序》引高子曰："灵星之尸也。"《维天之命》传引孟仲子曰："大哉天命之无极，而美周之礼也。"《閟宫》传引孟仲子曰："是禖宫也。"高子、孟仲子并见《孟子》七篇中。或疑高子即高行子。高行子为子夏弟子，不当与孟子同时。然赵岐注云：高子年长，或高叟即高行子矣。赵注又云：孟仲子，孟子之从昆弟，学于孟子者也。然则孟子长于《诗》《书》，故高子、孟仲子之说皆为毛公所引。

《汉书·艺文志》谓：齐、鲁、韩三家，咸非《诗》之本义，与不得已，鲁最为近之。又云："毛公之学，自谓子夏所传。"据此，知向、歆父子不信三家《诗》说。歆让太常博士，欲以《毛诗》立学官，而《七略》不称《毛诗》之优。今观四家之异同，其优劣可得而言。太史公言《关雎》之乱以为《风》始，《鹿鸣》为《小雅》始，《文王》为《大雅》始，《清庙》为《颂》始。其言与《诗大序》"《关雎》，风之始也"语同。《诗大序》但举《雅》《颂》之名，而不言《鹿鸣》为《小雅》始，《文王》为《大雅》始，《清庙》为《颂》始，但云"是谓四始，《诗》之至也者"。盖由"《关雎》，《风》之始也"一语，可以类推其余耳。郑康成云："始者，王道兴衰之所由。"余谓毛意同史公，史公所引，多本《鲁诗》，《毛诗》传自荀子，《鲁诗》亦传自荀子，此其所以符合也。

《齐诗》与鲁、毛全异，萧望之、翼奉、匡衡同事后苍，治《齐诗》。翼奉有五际六情之语，不及四始。诗纬《泛历枢》称四始有水、木、火、金之语。谓《大明》水始，《四牡》木始，《嘉鱼》火始，《鸿雁》金始，其言甚不可解，恐东汉人所造，非《齐诗》本义。匡衡上书称孔子论《诗》以《关雎》为始，此言与《毛传》相同，并无水、木、火、金之语。可知《泛历枢》为后人臆说也。衡奏议平正，奉则有怪诞之语，虽与衡同师，而别有发明矣。如以水、木、火、金说四始，则《齐诗》竟是神话。四始为《诗》之大义，而《齐诗》之说如此，以此知齐之不逮毛、鲁远也。然匡衡说《诗》，亦有胜于鲁、韩者。《鲁诗》说周道缺，诗人本之衽席，《关雎》作。《齐诗》亦谓周康王后佩玉晏鸣，《关雎》叹之。匡衡上书乃谓《周南》《召南》，被贤圣之化深，故笃于行，而廉于色，此非以《关雎》为刺诗矣。盖《齐诗》由辕固数传而至后苍。苍本传《礼》。《乡饮酒礼》："合乐《周南·关雎》《葛覃》《卷耳》"。《燕礼》："歌乡乐《周南·关雎》《葛覃》《卷耳》"。《仪礼》周公所定，已有《周南》《关雎》，知《关雎》非康王时毕公所作。匡衡师事后苍，故其说《诗》长于鲁、韩也。

齐、鲁、韩三家《诗序》不传，而《毛序》全存。如《左传》：隐三年"卫庄公娶于齐东宫得臣之妹曰庄姜，美而无子，卫人所为赋《硕人》也。"闵二年："郑人恶高克，使帅师次于河上，久而弗召，师溃而归，高克奔陈，郑人为之赋《清人》。"文六年："秦伯任好卒，以子车氏之三子奄息、仲行、鍼虎为殉，皆秦之良也，国人哀之，为之赋《黄鸟》。"《毛序》所云，皆与《左传》符合，此毛之优于三家者也。又三家《诗》，皆有怪诞之语，毛则无有。即如"履帝武敏歆"，《尔雅》已有"敏，拇也"之训。而三家说皆谓姜嫄出野见巨人迹，践之身动如孕，而生后稷。《毛传》则以"疾"训"敏"，以帝为高辛氏之帝，从于帝而见于天，将事齐敏，不信感生之说。又如："赫赫姜嫄，其德不回，上帝是依。"若用感生之说，必谓上帝凭依姜嫄之身，降之精气，而《毛传》则谓上帝依其子孙。又如："文王在上，于昭于天，文王陟降，在帝左右。"《毛传》之前，《墨子·明鬼》已引此诗，谓若鬼神无有，则文王既死，岂能在帝之左右哉！而《毛传》则谓"文王在民上，文王升接天、下接人"，一扫向来神怪之说。盖自荀子作《天论》，谓圣人不求知天，神话于是摧破。《毛诗》为荀卿所传，即此可征。

《大序》相传子夏所作，《小序》毛公所作。郑康成之意，谓《小序》发端句子夏作，其下则后人所益或毛公作也。今按：《序》引高子曰："灵星之尸也。"此语自当出子夏之后矣。《卫宏传》有"作诗序"语，故《释文》或云《小序》是东海卫敬仲所作。然卫宏先康成仅百年，如《小序》果为宏作，康成不容不知。由今思之，殆宏别为《毛诗序》，不与此同，而不传于后。或宏撰次诗序于每篇之首，亦通谓之作耳。汉人专说《毛诗》者，今存郑《笺》一种。马融《毛诗传》散佚已久，今可见者，惟《生民》篇正义所引言帝喾事为最详耳。以上论三家《诗》与毛之不同。

朱熹像

朱晦庵误解"郑声淫"一语，以为郑风皆淫，于是刺忽之诗，皆释为淫奔之作。陈止斋笑晦庵以"彤管"为行淫之具，"城阙"为偷期之所，今《集传》静女篇无此语，盖晦庵自觉其非而删之矣。凡《小序》言"刺"者，晦庵一概目为淫人自道之词。自来淫人自道之词未尝无有，如六朝歌谣之类，恐未可以例《国风》。若《郑风》而为淫人自道之词，显背无邪之旨，孔子何以取之？昔昭明编集《文选》，于六朝狎邪之诗，摈而不录。《高唐》《神女》《洛神》之属别有托意，故录之。见《苕溪渔隐丛话》。昭明作《陶渊明集序》，谓《闲情》一赋，"白璧微瑕"。昭明尚然，何况孔子？晦庵之言，亦无知而妄作尔。

自晦庵作《集传》，说《诗》之风大变。清陈启源作《毛诗稽古编》，反驳晦庵，其功不可没。吕东莱作《读诗记》，不以晦庵为然。晦庵好胜，谓东莱为毛、郑之佞臣。后之治《毛诗》者，桐城马瑞辰作《毛诗传笺通释》，泾县胡承珙作《毛诗后笺》，长洲陈奂作《诗毛氏传疏》。马氏并重《传》《笺》，胡氏从《传》而不甚从《笺》，陈氏则全依《毛传》。治三家《诗》者，《齐诗》亡于三国，《鲁诗》亡于永嘉之乱，《韩诗》唐代犹存，今但存《外传》而已。三家至宋全亡。如三家《诗》不亡，晦庵作《集传》当不至荒谬如此。王应麟后，清有陈寿祺、乔枞父子。乔枞好为牵附，谓《仪礼》引《诗》，皆《齐诗》说；又谓《尔雅》为《鲁诗》之学。恐皆未然。要之，陈氏父子，虽识见未足，然网罗放失之功，亦不可没。其后魏源作《诗古微》，全主三家。三家无序，其说流传又少，合之不过三十篇。谓之古微，其实逞臆之谈耳。

今治《诗经》，不得不依《毛传》，以其序之完全无缺也。《诗》若无序，则作诗之本意已不明，更无可说。三家诗序存者无几，无从求其大义矣。戴东原作《毛郑诗考证》，东原长于训诂之学，而信服晦庵，故考证未能全备。东原之外，治《诗》者皆宗《毛传》，陈氏父子，不过网罗放失而已。

《孝经》曰："安上治民，莫善于礼。"《左传》曰："礼，经国家，定社稷，序民人，利后嗣。"今案：《仪礼》与安上治民有关。《周礼》则经国家、定社稷之书也。《周礼》初出曰《周官经》，刘歆始改称《周礼》，然《七略》犹曰《周官》，《汉书·艺文志》仍之。马融训释之作，亦称《周官传》，至郑康成以《周礼》名之，合《仪礼》《小戴记》为《三礼》。"三礼"之名，自郑氏始。今若以《大戴礼》合之，当称"四礼"。称"三礼"者，沿郑氏注也。

贾公彦序《周礼废兴》引马融传，称刘歆末年，知周公致太平之迹具在《周官》，然当时今文家不肯置信。林硕以为黩乱不验之书，何休以为战国阴谋之书。今观《周礼》，知刘歆之言不谬。惟其书非一时一人之作，盖如历代会典，屡有增损。《唐六典》以及明、清之《会典》皆拟《周礼》。《六典》全依《周官》，《会典》虽稍异，然行文多模仿之迹，此亦有关文体，不学《周礼》，则官制说不清楚。亦如后之律书，必拟汉律也。创始之功，首推周公，增损之笔，终于穆王耳。今《逸周书》有《职方》篇，为穆王时作，而其文见于《周礼·夏官》，知周公以后，穆王以前，《周礼》一书，时有修改。穆王以后，则未见修改之迹也。何以言之？曰：《周礼》司刑掌五刑之法，墨罪五百，劓罪五百，宫罪五百，刖罪五百，杀罪五百，合二千五百条。而穆王作《吕刑》，称五刑之属三千，较《周礼》多五百条。《吕刑》别行，以此知穆王晚年，已不改《周礼》也。《左传》子革曰："昔穆王欲肆其心，周行天下，将皆必有车辙马迹焉。"今《穆天子传》真伪未可知。然穆王好大喜功，观《职方氏》一篇可知也。《职方氏》言中国疆域，东西南北相距万里，方千里曰王畿，其外方五百里曰侯服，又其外方五百里曰甸服，又其外方五百里曰男服，又其外方五百里曰采服，又其外方五百里曰卫服，又其外方五百里曰蛮服，又称要服。又其外方五百里曰夷服，又其外方五百里曰镇服，又其外方五百里曰藩服。依此推算，自王城至藩服之边，东西南北均五千里，为方万里，积一万万方里。蛮服以内为九州，以外为蕃国。九州之内，方七千里，积四千九百万方里。非穆王之好大，何以至此。《康诰》曰："周公初基作新大邑于东国洛，四方民大和会，侯、甸、男、邦、采、卫。"是周公作洛时，无所谓要服。《康王之诰》称庶、邦、侯、甸、男、卫，亦无要服。不特此也，汉人迷信《王制》，《王制》曰："凡四海之内九州，州方千里。"郑《注》云："大界方三千里，三三而九，方千里者九也。其一为县内，余八各立一州，此殷制也。"余谓夏制不可知，殷制则不止方三千里。《酒诰》曰："自成汤咸至于帝乙，越在外服，侯、甸、男、卫、邦、伯，罔敢湎于酒。"是周初之制与商制无甚差异，皆侯、甸、男、采、卫五等，无所谓要服也。要服本为蛮服，不在九州之内。穆王好大喜功，故《职方》之言如此。《大行人》朝贡一节，与《职方氏》相应，当亦穆王所改。若巾车掌公车之政令、革路以封四卫、木路以封蕃国。可见周初疆域，至卫服而止，无所谓要服，此穆王所未改者也。夷、镇、藩三服，地域渺茫，叛服不常，安知其必为五百里？要服去王城三千五百里，东西七千里，九州之大，恐无此数。今中国本部，最北为独石口，当北纬四十一度半，极南至于琼州，当北纬十八度，其中南北相去二十三度半，为里四千七百。周尺今不可知，若以汉尺作准，汉尺存者有虑虒尺，虑虒尺一尺，合清营造尺七寸四分，尺度虽古今不同，里法则古今不异。古之五服六千里，以七四比之，当四千四百四十里，与今四千七百里不甚相远。穆王加要服为七千里，以今尺计之，则为五千一百八十里，较今长三四百里，此由今中国本部，北至独石口，而古者陕西北部之河套亦隶境内。今属绥远。河套之地，于汉为朔方、九原、定襄，朔方正傍黄河，周时城彼朔方，此朔方与汉之朔方为近，非唐之朔方也。如并朔方计之，当有五千一百八十里。恐穆王时疆域亦未必大于今日也。《汉书·地理志》："郡县北至朔方，南至交趾。"九真，日南，即今安南。而云南北万三千三百六十八里，以今尺七四比之，有九千六百余里。自朔方以至日南，亦无此数。自此以后，言地域者，皆称南北万里，东西九千里。其实中国本部并无此数，此后世粗疏，更甚于《周礼》也。测量之不精，自周至明，相差不远，惟周人不甚夸大，汉以后夸大耳。

测量之法，古人未精。西晋裴秀作官图，盖尝测量矣。所以不准者，以不知北极出地之法也。唐贾耽作《华夷图》，及关中、陇右、山南、九州等图。至宋，略改郡县之名，刘豫阜昌七年刻之西安，一曰《禹迹图》，一曰《华夷图》，今尚完好。贾耽之作，亦由测量而来，然亦未准者，不知北极出地之法，一也；未免夸大，二也。北极出地之法，周人自未之知，因其不夸大，故所言里数与今相差不远耳。以上言职方与周初疆域不同，明《周礼》非周公一时之作，周公之后，屡有修改。

管仲治齐，略变《周礼》之法，《小匡》篇及《齐语》并载桓公问为政之道，《管子》称："昔吾先王昭王、穆王，世法文、武之远绩，以成其名。"《周礼》至穆王乃定，此亦一证。又，《周礼》萍氏掌国之水禁，几酒、谨酒，其法不甚严厉，其职殆如今卫生警察。如言《周礼》之作在周公时，则萍氏显违《酒诰》之文。《酒诰》曰："群饮，汝勿佚，尽执拘以归于周，予其杀。"不仅几酒谨酒而已。此亦可见《周礼》之屡有修改，盖百余年中不知修改若干次矣。

六官之制，古无异论。清金鹗作《求古录礼说》，言六官之制，

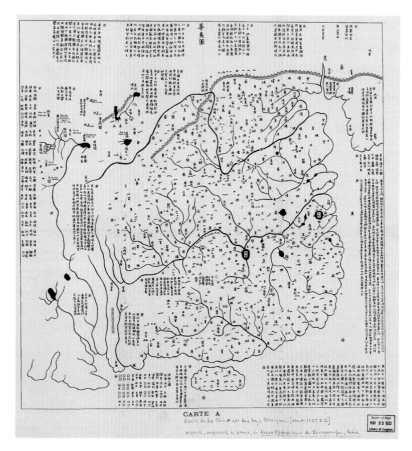

华夷图

实始于周。《曲礼》云："天子之五官，曰司徒、司马、司空、司士、司寇。"此与《周官》不同，当为殷制。又云：王者设官，所以代天工，故其制必法乎天。三光以法三公，五官以法五行。引《左传》云：五行之官，是谓五官。木正曰句芒，火正曰祝融，金正曰蓐收，水正曰玄冥，土正曰后土。明自少昊、颛顼以来皆五官。余谓少昊、颛顼之制，确为五官，前乎此则未可知。至商，恐已六官矣。《曲礼》之言，不知何据。郑注《礼记》，凡与《周礼》不合者，皆曰夏、殷之制。其实五官是否确为殷制，不可知也。余谓，与其据《曲礼》，不如据《论语》。《论语》云："君薨，百官总己以听于冢宰，三年。""何必高宗，古之人皆然。"此所谓冢宰，当如《周官》之冢宰，为六官之首。否则百官何以听之？冢宰于《周礼》曰太宰。太宰之名，不见虞、夏之书，殆起于商。《说文》云："宰，罪人在屋下执事者。从宀从辛，辛，罪也。"具食之官，见于《左传》者曰"宰夫"，或曰"膳宰"。《汉书》有廱太宰，为五畤具食之官。宰本罪人之称，庖人具食，事近奴隶，故以宰为名。然太宰、小宰，位秩俱隆，而貤被宰名，当自伊尹始。《吕览·本味》篇称伊尹说汤以至味，极论水火调剂之事，周举天下鱼肉菜果之美，而结之曰：天子成则至味具。《史记·殷本纪》亦谓伊尹欲干汤而无由，乃为有莘氏媵臣，负鼎俎以滋味说汤，致于王道。二家之说与《孟子》"伊尹以割烹要汤"符合。据《文选》李善注引《鲁连子》曰："伊尹负鼎佩刀以干汤，得意故尊宰舍。"盖伊尹参与帷幄之谋，权势虽尊，本职则卑，后以其功高而尊宰舍，故有太宰、冢宰之名耳。又《商颂》称伊尹为阿衡，《周书》曰保衡。保阿，女师也。阿，《说文》作娿，在女子曰保阿，在男子亦曰阿衡、保衡，其为媵同也。伊尹为媵臣，故尊保阿。伊尹为庖人，故尊宰舍。此说虽为孟子所不信，然其为实事至明。周因殷礼，故设太宰之官。今观太宰所属之官，与清之内务府不远。惟司会掌邦之六典、八法、八则之贰，以逆邦国都鄙官府之治，大府掌九贡、九赋、九功之贰，以受其货贿之入，为与国计有关。自余宫殿之官，如宫正之属，禁掖之官如内宰之属，饮食之官如膳夫之属，衣服之官如司裘掌皮之属，皆清内务府所掌也。周官三百六十，太宰所掌六十，位秩最崇。然治官之属仅司会、大府为有关于国计者。以太宰本之殷制而来，其本职不过《周礼》膳夫、内宰二官。由饮食而兼司衣服，由禁掖而兼司宫殿。是故，周官太宰，无所不掌，而属员仍冗官耳。后儒不明此理，谓周公防宦官用事，故立此制。不知宦官用事，必不在贵族执政之世，周公时贵族执政，断无防及刑余擅权之理也。汉、唐、明三代皆有刑余擅权之事，六朝则无。何则？贵族执政阶级严明，非刑余之人所得间也。由此论之，天官冢宰，周袭殷制，后世未必可法。至春官宗伯主祭祀，非今之要职。地官司徒掌地方行政，兼司教育，如今内务、教育两部。夏官司马掌行军用兵，如今军政部。秋官司寇掌狱讼刑法，如今之司法部。皆立国要典，可资取法者也。以上论六官之职。

何以汉儒谓《周礼》为黩乱不验之书也？以汉初经师之说，与《周礼》不同，故排弃之耳。《马融传》云："秦自孝公以下，用商君之法，其政酷烈，与《周官》相反，故始皇禁挟书，特疾恶，欲绝灭之，搜求焚烧之独悉，是以隐藏百年。孝武帝始除挟书之律，开献书之路，既出于山岩屋壁，复入于秘府。五家之儒，莫得见焉。"案：马谓秦烧《周礼》独悉，其言太过。秦所最恶者为《诗》《书》，而不及《礼》。《孟子》曰："诸侯恶其害己也，而皆去其籍。"可见《周礼》自七国时已不甚传。虽以孟子之贤，犹未之见。故其言封建与《周礼》全异。《孟子》言：公、侯皆方百里，伯七十里，子、男五十里。《周礼》谓公五百里，侯四百里，伯三百里，子二百里，男百里。汉初儒者未见《周礼》，而《孟子》之说流传已久，故深信而不疑。景帝末年河间献王始得《周礼》，《周礼》未出时，汉儒言封建者皆宗《孟子》，文帝时作《王制》亦采《孟子》为说。又以贾谊有众建诸侯之论，故虽见《周礼》，亦不敢明说。周之五百里，为今三百七十里，其封域不过江、浙之一道，川、云之一府。汉初王国之广犹不止此。夏、商二代，封国狭小，故汤之始征，四方风靡，文王伐崇戡黎，为时亦暂。以四邻本非强大，故得指顾而定之也。《逸周书·世俘解》称武王翦商，灭国六百余。《孟子》言灭国五十。若非小国寡民，安得数月之间灭国六百余乎？周公有鉴于此，故大封宗室，取其均势，以为藩屏。其弊至于诸侯争霸，互相征伐，而天子不能禁。以视武丁朝诸侯有天下，如运诸掌，本末之势，迥乎不同。由此可知商代封国尚无五百里之制也。贾谊患诸侯王尾大不掉，故不肯明征《周礼》。惟太史公《汉兴以来诸侯年表》云："封伯禽、康叔于鲁、卫，地各四百里。"《汉书·韩安国传》，王恢与安国论辨，称秦缪公都雍地方三百里，并与《周礼》相应。盖史公但论史事，王恢不知忌讳，故直举之耳。然孟子之言亦未为无据。周之封建，有功者，视其功之高下以为等级，无功则封地狭小。滕、薛皆侯国，滕，周所封，薛，夏所封，考其地不出今滕县一县，犹不及孟子所言之百里。齐、鲁、卫、燕亦皆侯国，而封域不止四百里。齐，太公之后；鲁，周公之后；燕，召公之后，功业最高故封地独大。卫包邶、鄘、卫三国，殷畿千里，皆为卫有。盖于鲁、卫为褒有德，于齐、燕为尊勤劳，其地皆去周远，亦所以固吾圉也。以此知五百里、四百里之制，不过折衷言之，非不可斟酌损益也。明乎此义，则可知《周礼》非黩乱不验之书矣。至谓《周礼》为六国阴谋之书者，汉人信《孟子》，何休专讲《公羊》，故有此言耳。

后之论者，以王莽、王安石皆依《周礼》施政而败，故反对《周礼》。余谓，二王致败之由，在不知《周礼》本非事事可法。即欲采

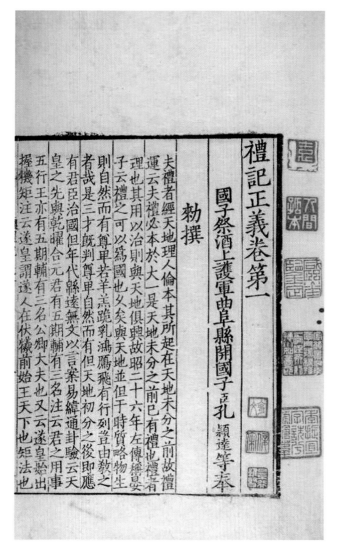

《礼记正义》

取，只可师其意，而不可袭其迹。西汉之末，家给人足，天下艾安，莽之变法，可谓庸人扰之。宋神宗时，国势虽衰，民犹安乐，安石乃以变风俗、立法度为急，而其法又主于聚敛，宜其败矣。宇文周时关陇残破，苏绰为六条诏书奏施行之：曰先治心，曰敦教化，曰尽地利，曰擢贤良，曰恤狱讼，曰均赋役。盖亦以《周礼》为本，终能斫雕为朴，变奢从俭。隋及唐初，胥蒙其福。贞观之治，基础于此。夫变法之道，乱世用之则治，治世用之则乱。况《周礼》不尽可为后世法乎？陈止斋、叶水心尊信《周礼》，当南宋残破之时而行《周礼》，或有可致治之理，然不可行之今日。何者？今外患虽烈，犹未成南宋之局，若再变法，正恐治丝而益棼耳。

《中庸》云："礼仪三百，威仪三千。"《礼器》云："经礼三百，曲礼三千。"礼仪、经礼，谓《周礼》也。威仪、曲礼，谓《仪礼》也。《仪礼》篇目不至有三千，故郑康成云其中事仪三千。然《汉志》言礼自孔子时而不具。《杂记》言恤由之丧，哀公使孺悲之孔子学《士丧礼》，《士丧礼》于是乎书。然则在孔子时《仪礼》早有亡失，三百、三千云者，约举其大数云尔。

秦燔书后，汉兴，高堂生传《士礼》十七篇，又于孔壁得《礼古经》五十六篇，其十七篇与高堂生所传同。《记》百三十一篇，七十子后学者所记。以古《礼》仅存五十六篇，故学者无不重视《礼记》。今五十六篇又散佚矣。汉儒说经，为《仪礼》作注者绝少。马融但注《丧服》一篇，至康成乃注全经。自汉末以逮西晋，注《丧服》者，无虑二三十家，而注全经者，仅王肃一人而已。

今人见《仪礼》仅存十七篇，以为《礼古经》五十六篇，除十七篇外，悉已散佚。此不然也。案：小戴记《投壶》《奔丧》二篇，郑

《目录》云：实《逸曲礼》之正篇也。又，《大戴记》之《诸侯迁庙》《诸侯衅庙》《公冠》《公冠》文简，是否全文未可知，后附《孝昭冠》，辞文亦无多。三篇，皆当为《逸礼》之正篇。又郑注《内宰》，引《天子巡守礼》，注《司巫》《月令》，引《中霤礼》。其文虽少，亦《礼》古经之正篇，当在五十六卷之数。依是数之，则十七篇外，今可知者又有七篇，合之得二十四篇。《礼经》之文平易可读，汉儒所以不注者，或以其繁琐泰甚，或以通习者不多。西汉习《礼》者有鲁国桓公，见刘歆《移让太常博士书》，其授受不可知。盖汉人治经谨慎，非有师受，不敢妄说。康成但注十七篇者，亦以三十九篇先师未有讲说故耳。

《礼》书序次，大、小戴及《别录》彼此不同，其以《士冠》《士昏》《士相见》为次，则三家未有违异。郑氏次第，悉依《别录》。其经文有今古文之异者，郑于字从今者下注"古文作某"，从古者下注"今文作某"。所谓今古文，非立说有异，不过文字之异耳。自汉以来，传《丧服》者独盛。马融而后，三国蒋琬亦作《丧服要记》一卷。《小戴记》论《丧服》者十余篇，《大戴》亦有论丧服变除之言，见《通典》所引。古人三年之丧，未葬，服斩衰，居倚庐，寝苦枕块；既葬，齐衰，居垩室；小祥以后，衰裳练冠，居外寝；大祥则禫服素冠，出垩室，始居内寝。《檀弓》言"祥而缟"，盖缟冠素纰也。素即白绢。《诗·桧风·序》："素冠，刺不能三年也。"禫服三月之后，则以墨经白纬为冠，得佩纷帨之属，寝有床，犹别内，始饮醴酒。逾月复吉，三年之礼乃成，此即所谓丧服变除。盖古人居丧，兼居处、饮食言之，非专系于冠服也。汉人居丧尚合古法，故能精讲《丧服》。韩昌黎自比孟子，而言《仪礼》行于今者盖寡，沿袭不同，复之无由，考于今，诚无所用之。夫《仪礼》在后代可用者诚少，然昏礼至今尚用纳采、问名、纳吉、纳征、请期、亲迎之名，丧礼亦尚有古人遗意，冠礼至唐已废，乡饮酒礼六朝至唐仍沿用之。昌黎疏于《礼》，故为此言耳。《丧服》一篇，自汉末以至六朝，讲究精密，《通典》录其论议，多至二三十卷。其中疑难，约有数端。出妻之子为母期，而嫁母之有服、无服，《仪礼》未有明文。或以为应视出母，或以为嫁由自绝，与被出有异。又为人后者，议论纷繁，《传》曰："为人后者孰后？后大宗也。"大宗不可以绝，故族人以支子后大宗。汉代王侯往往以无子国除，此不行古代后大宗之礼也。否则王侯传国四五代，必有近支可承，何至无子国除？迨元始时，始令诸侯、王公、列侯、关内侯亡子而有孙，若子同产子者，皆得以为嗣。师古曰："子同产子者，谓养昆弟之子为子者。"如诸葛亮以兄子为子，皇甫谧出后其叔，此皆非后大宗，与《仪礼》之为人后者不相应。《唐律》于此亦称养子。《开元礼》有为人后者，实即养子也。后人误以养子为即俗称之"螟蛉子"，因疑《唐律》既许养子，何以又有不许养异姓男一条，不知《唐律》所称养子是养同宗于昭穆相当者也。《仪礼》：为人后者，为其父母降为齐衰不杖期，盖持重于大宗者，降其小宗也。然魏、晋、六朝人于三年之内，不得嫁娶，即子女嫁娶亦所不许。曹公为子整与袁谭结婚，裴松之曰："绍死至此过周五月耳，谭虽出后其伯，不为绍服三年，而于再期之内，以行吉礼，悖矣。"于此可见古人守礼之严。至今所谓养子者，魏时或为《四孤论》曰："遇兵饥馑有卖子者，有弃沟壑者，有生而父母亡，复无缌麻亲，其死必也者，有俗人以五月生子，妨忌之不举者。有家无儿，收养教训成人，则对于公妪育养者，应有服否？"三国、两晋论议甚多，或以为宜服齐衰周，方之继父同居者。此议斟酌尽善，可补《仪礼》之阙。《仪礼》制于宗法时代，秦、汉而后，宗法渐衰，自有可斟酌损益之处。《开元礼》亦有与《仪礼》不同者。《仪礼》父在为母齐衰期，武后时，改为父在为母齐衰三年。《仪礼》为祖父母齐衰不杖期，为曾祖父母齐衰三月，高祖之服则无有，或以为古人婚晚，玄孙不及见，高祖故无服，其说非是，恐高祖以上概括在曾祖之内。《开元礼》改为曾祖父母齐衰五月正服，为高祖父母齐衰三月加服。嫂叔本无服，盖推而远之也。唐太宗以同爨尚有缌麻之恩，增嫂叔小功五月义服。古人外亲之服皆缌，为外祖父母小功，以尊加也。为舅缌，从服也。母之姊妹曰从母，而舅不可称从父，故为从母小功，以名加也，此亦古人之执着。《开元礼》改为舅及从母小功正服。综此四条，悉当情理。六朝人天性独厚，守礼最笃，其视君臣之义，不若父子之恩，讲论《丧服》，多有精义。唐人议礼定服，亦尚有法，不似后世之枉庆失中也。服有降服、正服、义服。斩衰无降服，衰以缕之粗细为等。斩者不缉也。为父正服，为君义服，故为父斩衰三升，为君三升半，父子之恩固重于君臣之义也。魏太子会众宾百数十人，太子建议曰："君、父各有笃疾，有药一丸，可救一人，当救君耶？父耶？"众人纷纭，或父或君。邴原在坐，不与此论。太子谘之于原，原悖然对曰："父也！"南朝二百七十余年，国势虽不盛强，而维持人纪为功特多。《丧服》一篇，师儒无不悉心探讨，以是团体固结，虽陵夷而不至澌灭。此所谓鲁秉周礼未可取也。宋代理学家亦知讲求古礼，至明人而渐不能矣。今讲《仪礼》，自以《丧服》为最要。

《隋书·经籍志》云："汉初河间献王得仲尼弟子及后学者所记一百三十一篇献之，至刘向校书，检得一百三十篇，第而叙之，又得《明堂阴阳记》三十三篇，《孔子三朝记》七篇，《王氏史氏记》二十一篇，《乐记》二十三篇，凡五种，合二百十四篇。戴德删其烦重，合而记之，为八十五篇，谓之《大戴记》，而戴圣又删大戴之书为四十六篇，谓之《小戴记》。马融传《小戴》之学，又足《月令》一篇、《明堂位》一篇、《乐记》一篇，合四十九篇。"今《大戴记》存三十九篇，《小戴记》四十九篇。《投壶》《哀公问》两篇，二戴所同，合得八十六篇。《大戴》亡佚篇目，今不可考。钱晓征以为《小戴》实止四十六篇，今《曲礼》《檀弓》《杂记》俱分上下，故为四十九篇。以《小戴》四十六，合《大戴》八十五，即古记之百三十一篇也。其说殊未谛。《乐记》二十三篇，本不在古记之数。今《乐记》断取十一篇为一篇，以入《礼记》。《月令》与《明堂位》同属《明堂阴阳记》，《大戴·盛德》篇亦应属《明堂阴阳记》。古记百三十一篇之数，决不如钱氏所举也。

又二戴所录有非《礼》家之言，如《大戴》之《千乘》《四代》《虞戴德》《诰志》《小辨》《用兵》《少间》七篇，采自《孔子三朝记》。唐人所引直称《三朝记》。《汉志·儒家》：《子思》二十三篇，《曾子》十八篇。《大戴》录《曾子立事》以下十篇，而《小戴》之《中庸》《坊记》《表记》《缁衣》四篇，当为子思之书。又大戴《武王践阼》录自《太公阴谋》。《汉志》以太公入道家。此皆二戴所采诸子之文，凡二十二篇。又小戴《王制》，乃孝文帝令博士所作。大戴《公冠》后附孝昭冠辞，并非古记旧有，更去其属于《明堂阴阳记》及《乐记》者，删其复重《投壶》《哀公问》二篇，则二戴记中可说为古记之旧者不及百三十一篇之半。又如通论之篇，若《儒行》《大学》等，是否在百三十一篇中，尚难言也。

《礼记》一书杂糅今古文之说。《王制》一篇为今文家言，其言封建采自《孟子》，言养老不知所据。惟《丧礼》《丧服》无今古文之异,《礼记》言此綦详。自明以来,读经所以应科举,以《丧礼》《丧服》不在程试范围,则删节不读。其实读《礼记》以《丧礼》《丧服》为最要。余如《儒行》《大学》《表记》《坊记》《缁衣》等篇,皆言寻常修己治人之道,亦无今古文之异。凡此皆《礼记》之可信者。若言典章制度,则宜从古文不从今文,古文无谬误,今文多纰漏也。

“三礼”郑注之后,孔、贾之疏已为尽善。清人以贾疏尚有未尽,胡培翚作《仪礼正义》,孙诒让作《周礼正义》。由今观之,新疏自比贾疏更精。《礼记》孔疏理晰而词富,清儒无以复加,朱彬作《训纂》,不过比于补注而已。《大戴礼》自北魏卢辩作注,历千余年,讹舛不可卒读,戴震校之,孔广森作《补注》,但阙佚已多耳。说《礼》者皆称“三礼”,而摒弃大戴不道。其实《大戴礼》亦多精义,应与《小戴》并举,而称“四礼”。理学家最重《小戴》,以《大学》《中庸》并在其中故。独杨慈湖以为《大戴》多孔子遗言,所作《先圣大训》录《大戴记》特多。二戴记中《哀公问》《儒行》《仲尼燕居》《孔子闲居》《王言》诸篇,皆孔子一人之言。七十子后学者所记,《汉志》不入《论语》家,独《三朝记》入《论语》家,殆以《三朝》七篇,文理古奥,与余篇不同,或是孔子手作,或是孔子口说弟子笔录者尔。

关于《春秋》者,余所著《春秋左氏疑义答问》,大旨略具,今所讲者,补其未备而已。

问《春秋》起于何时?曰:晋之《乘》、楚之《梼杌》、鲁之《春秋》,皆在孔子之前。《周官》:“外史,掌四方之志。”郑《注》云:谓若晋之《乘》、楚之《梼杌》、鲁之《春秋》。是《春秋》起于周,非始于古代也。《左传》:“韩宣子适鲁,见《易象》与鲁《春秋》,

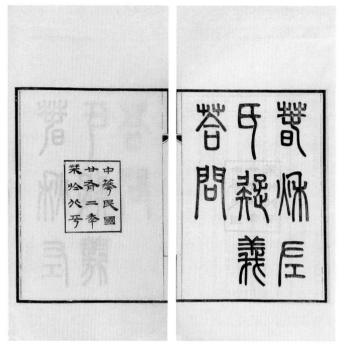

《春秋左氏疑义答问》

曰：'《周礼》尽在鲁矣。吾乃今知周公之德，与周之所以王也。'"
孔《疏》云：鲁《春秋》遵周公之典以序时事，发凡言例，皆是周公
制之。然韩宣子云《周礼》在鲁者，所以美周公之德耳。非谓《易
象》《春秋》是周公所作也。《春秋》备纪年、时、月、日，《尚书》
往往有年有月有日而无时，惟"秋大获"一句纪时，其余不见。其纪年、
月、日又无定例。如《书序》："惟十有一年，武王伐殷。"此所谓十
有一年者，以文王受命起数，非武王之纪元也。纪年之法苟且如此，
即为未有《春秋》编年之法之故。今人以为古圣制礼作乐，必无不能
纪年之理。其实非惟周公未知纪年之法，即孔子亦何尝思及本纪、世

家、列传哉！太史公《三代世表》谓："余读谍记，黄帝以来，皆有年数，稽其历谱牒终始五德之传，古文咸不同，乖异。夫子之弗论次其年月，岂虚哉！"可见史公所见周、秦以前书不少，而纪年各不同。今观《竹书纪年》，七国时书，自黄帝以来，亦皆有年数，而与王孙满所称"鼎迁于商载祀六百"之言违异。此为古无纪年之作，后人据历推之，战国时有六家历，《汉书·律历志》所云黄帝、颛顼、夏、殷、周及鲁历是也。《艺文志》春秋家有《太古以来年纪》二篇，当亦此类。各家所推不同，故《竹书》所载与古语不符也。太史公不信谱牒，故于三代但作世表，共和以后，始著《十二诸侯年表》。《大戴礼·五帝德》称："宰予问于孔子曰：'昔者，予闻诸荣伊令，黄帝三百年'，请问黄帝者人耶？抑非人耶？何以至于三百年乎？"如当时有纪年之书，宰予何为发此问哉？刘歆作《三统历》，以说《春秋》，班氏以为推法密要。然周以前不可推，以古人历疏，往往有日无月，不能以月日推也。

《十二诸侯年表》，始于共和元年，余意《春秋》之作即在共和之后。盖宣王即位，补记共和时事，而有《春秋》也。观《十二诸侯年表》，诸侯卒与即位均书年，可见《春秋》编年之法即在此时发明者。于时厉王出奔，宣王未立，元年者，谁之元年乎？《春秋》以道名分，故书共和元年也。《墨子·明鬼》历举周之《春秋》、燕之《春秋》、宋之《春秋》、齐之《春秋》，而始于杜伯射宣王事。前乎此者，但征及《诗》《书》而已。可见宣王以前无《春秋》也。宣王中兴令主，不但武功昭著，即文化亦远迈前古。改古文为籀文，易纪事以编年，皆发明绝大者也。至列国之有《春秋》，则时有早晚，决非同时并作。《晋世家》记穆侯四年取齐女姜氏为夫人，当周宣王二十年，是晋于是始有《春秋》。其余各国皆在宣王之后。鲁之《春秋》，始于隐公元年，当平王四十九年，上去共和元年历一百一十九年。其所以始于隐公者，汉儒罕言其故。杜元凯谓平王东周之始王，隐公让国之贤君，故托始于此。此殆未然。列国《春秋》，本非同时并作，鲁则隐公时始有《春秋》耳，非孔子有意托始于隐公也。后人以太史公世家首太伯，列传首夷、齐，推之《春秋》始于鲁隐，其意正同。其实太史公或有此意，孔子则未必然。隐公但有让桓之言，而无其实事。云"使营菟裘吾将老焉"者，不过寻常酬酢语耳，何尝真以国让哉！

周之史官有辛甲、尹佚。尹佚即史佚，其书二篇，《艺文志》入墨家。《吕氏春秋·当染》篇云："鲁惠公使宰让请郊庙之礼于天子，桓王当作平王。使史角往，惠公止之。其后在于鲁，墨子学焉。"墨子之学，出于史角，由此可知史角即尹佚之后。鲁有《春秋》，殆自史角始矣。

《左传》所载五十凡例，杜氏以为周公之旧典。盖据传凡例谓之《礼经》，而谓此《礼经》为周公所制也。然时王之礼皆是《礼经》，岂必周公所制然后谓之《礼经》哉！余意五十凡例乃宣王始作《春秋》之时王朝特起之例。列国之史，其凡例由周室颁布，抑列国自定，今不可知。要之当时之礼即可谓之《礼经》，不必定是周公作也。

作史不得不有凡例，太史公、班孟坚之作有无凡例不可知。范蔚宗作《后汉书》则有之，《宋书·范晔传》云："班氏任情无例，吾杂传论皆有精意。纪传例为举其大略耳。"惟今不可见。唐修《晋书》，非一人之作，不得不立凡例以齐一之。宋修《新唐书》，吕夏卿有《唐书直笔新例》一卷。见《宋史·艺文志》。《新唐书》本纪、志、表，皆欧阳修作，列传则宋祁作。二人分工，如出一手，凡例之效也。大氐一人之作，不愿以凡例自限。《春秋》本不定出一史官之手，无例则有前后错乱之虞，故不得不立凡例。惟《左传》所举五十凡例，不知为周史所遗，抑鲁史自定之耳。

自来论孔子修《春秋》之故者，《孟子》曰："世衰道微，邪说暴行又作，臣弑其君者有之，子弑其父者有之，孔子惧，作《春秋》。"《公羊传》曰："君子曷为为《春秋》? 拨乱世，反诸正，莫近诸《春秋》。"《公羊》之论较《孟子》为简赅。然《春秋》者，史也。即在盛世，亦不可无史。《尚书》记事，略无年月，或颇有而多阙，仅为片段之史料。《春秋》始有编年之法，史法于是一变，故不可谓《春秋》之作专为拨乱反正也。宋儒以为《春秋》"贵王贱霸"，此意适与《春秋》相反。《春秋》详述齐桓、晋文之事，尚霸之意显然。《孟子》《公羊》同然一辞，虽孟子论人，好论人心，以五霸为假。然假与不假，《春秋》所不论也。贵王贱霸之说，"三传"俱无，汉人偶一及之，宋儒乃极言之耳。"三传"事迹不同，褒贬亦不同，而大旨则相近。所谓"绌周王鲁""为汉制法者"，《公羊》固无其语，汉儒傅会以干人主，意在求售，非《春秋》之旨也。要之，立国不可无史，《春秋》之作，凡为述行事以存国性。以此为说，无可非难。今文化之国皆有史，惟不如中土详备。印度玄学之深，科学亦优，而其史则不可考。又如西域三十六国，徒以《汉书》有此一传，尚可据以知其大概，彼三十六国无史，至今不能自明其种类。中国之大，固不至如三十六国之泯焉无闻，然使堕入印度则易。此史之所以可贵，而《春秋》之所以作也。

问鲁之《春秋》，孔子何为修之? 曰：鲁之《春秋》，一国之史也。欲以一国之《春秋》，包举列国之《春秋》，其事不易。当时之史惟周之《春秋》最备，以列国纪载皆须上之周室。《史记·六国表》谓

"秦既得志，烧天下《诗》《书》，诸侯史记尤甚，为其有所刺讥也。《诗》《书》所以复见者，多藏人家，而史记独藏周室，以故灭。"可见七国时列国之史犹藏周室。孔子之作《春秋》，如欲包举列国之史，则非修周之《春秋》不为功。然周之《春秋》，孔子欲修之而不可得。鲁为父母之邦，故得修鲁之《春秋》耳。然鲁之《春秋》，局于一国，其于列国之事，或赴告不全，甚或有所隐讳，不能得其实事，即鲁史载笔，亦未必无误。如此则其纪载未必可信，不信则无从褒贬，不足传之后世。以故孔子不得不观书于周史也。既窥百国之书，贯穿考覆，然后能笔削一经尔。

嘉庆时，袁蕙缵据《左传》从赴之言，以为孔子未尝笔削。然此可以一言破之。鲁史以鲁为范围，不得逾越范围而窜易之，使同于王室之史。孔子之修《春秋》，殆如今大理院判案，不问当事者事实，但据下级法廷所叙，正其判断之合法与否而已。《传》曰："非圣人谁能修之？"焉得谓孔子无治定旧史之事哉？乾隆时重修《明史》，一切依王鸿绪《明史稿》，略加论赞。孔子之修《春秋》，亦犹是也。所以必观书于周史者，《十二诸侯年表》云："孔子西观周室，论史记旧闻，兴于鲁而次《春秋》。""七十子之徒口受其传指，为有所刺讥褒讳挹损之文辞，不可以书见也。鲁君子左丘明，惧弟子人人异端，各安其意，失其真，故因孔子史记，具论其语，成《左氏春秋》。"据此可知孔子观周与修《春秋》之关系浅，与作《左传》之关系深，然自孔子感麟制作，以讫文成，为时亦当一年，更逾年而孔子卒。古之学者三年而通一艺，《春秋》二百四十二年之事以授弟子，恐非期月之间所能深通。今观仲尼弟子所著，如《曾子》十八篇，无一言及《春秋》者。太史公云："《春秋》笔则笔，削则削，子夏之徒不能赞一辞。"信矣。盖《春秋》与《诗》《书》《礼》《乐》不同，《诗》《书》

《礼》《乐》，自古以之教人，《春秋》史官之宝书，非他人所素习。文成一年，微言遂绝，故以子夏之贤，曾无启予之效。而太史公又谓七十子咸受传指，人人异端，盖已过矣。诚令弟子人人异端，则《论语》应载其说，传文何其阙如？尝谓《春秋》既成，能通其传指者甚少，亦如《太史公书》，惟杨恽为能祖述耳。左丘明身为鲁史，与孔子同观周室，孔子作经，不暇更为之传，既卒，而弟子又莫能继其志，于是具论其事而作传耳。

《孟子》曰："《春秋》，天子之事也。是故，孔子曰：'知我者，其惟《春秋》乎！罪我者，其惟《春秋》乎！'"案：《说文》，事从史之省声，史所以记事，可知事即史也。《春秋》天子之事者，犹云《春秋》天子之史记矣。后人解《孟子》，以为孔子匹夫而行天子之事，故曰"罪我者其惟《春秋》"。此大谬也。周史秘藏，孔子窥之，而又泄之于外，故有罪焉尔。向来国史实录，秘不示人，明、清两代，作实录成，焚其稿本，弃其灰于太液池。以近例远，正复相似。岂徒国史秘密，其凡例当亦秘密，故又曰："其义则丘窃取之矣。"义即凡例之谓，窃取其义者，犹云盗其凡例也。《孟子》之言至明白，而后人不了其义，遂有汉儒之妄说。夫司马子长身为史官，作史固其所也。班孟坚因其父业而修《汉书》，即有人告私改作国史者，而被收系狱。《后汉书》亦私家之作，然著述于易代之后，故不以私作为罪。《新五代史》亦私家之作，所以不为罪者，徒以宋世法律之宽耳。若庄廷鑨私修《明史》，生前未蒙刑罪，死后乃至戮尸。国史之不可私作也如此。故孔子曰窃取、曰罪我矣。

孔子之修《春秋》，其意在保存史书，不修则独藏周室，修之则传诸其人。秦之燔书，周室之史一炬无存，至今日而犹得闻十二诸侯之事者，独赖孔子之修《春秋》耳。使孔子不修《春秋》，丘明不述《左传》，则今日之视春秋犹是洪荒之世已。以上论孔子修《春秋》。

《公羊传》云："所见异辞，所闻异辞，所传闻异辞。"此语不然。公羊在野之人，不知国史，以事实为传闻，其实鲁有国史，非传闻也。董仲舒、何休更以所见之世为著太平，所闻之世为见升平，所传闻之世为起衰乱，分《春秋》二百四十二年以为三世，然《公羊》本谓《春秋》拨乱世，反诸正，是指二百四十二年皆为乱世也。

僖公《经》二十八年："天王狩于河阳。"《左传》称仲尼曰："以臣召君，不可以训，故书曰：'天王狩于河阳'。"似《传》意以此为孔子所修。然《史记·晋世家》称孔子读史记，至文公曰："诸侯无召王。'王狩河阳'者，《春秋》讳之也。"则知此乃晋史旧文，孔子据而录之耳。是故，杜氏以诸称"书"、"不书"、"先书"、"故书"、"不言"、"不称"、"书曰"之类，皆是孔子新意，正未必然。惟《赵世家》云："孔子闻赵简子不请晋君而执邯郸午、保晋阳，故书《春秋》曰：'赵鞅以晋阳叛'。"此当为孔子特笔。又，《左传》具论《春秋》非圣人不能修，盖以书齐豹曰盗、三叛人名为孔子特笔。外此，则孔子特笔治定者殆无几焉。《春秋》本史官旧文，前后史官意见不同，故褒贬不能一致。例如《史》《汉》二书，太史公所讥，往往为班孟坚所许，《春秋》之褒贬，当作如是观矣。宋人谓《春秋》本无褒贬，朱晦庵即如此说。则又不然。"三传"皆明言褒贬，不褒贬无以为惩劝，乱臣贼子何为而惧也？胡安国谓圣人以天自处，故王亦可贬。此又荒谬之说也。晋侯、齐侯，贬称曰人，略之而已，无妨于实事。如称齐伯、晋伯，则名实乖违，夫岂其可？如胡氏之言，孔子可任意褒贬，则充类至尽，必至如洪秀全所为。洪秀全自称天王，而贬秦始皇曰"秦始侯"，贬汉高祖曰"汉高侯"，可笑孰甚焉？余意褒贬二字，犹言详略，天子诸侯之爵位略而不书，贬云乎哉！

《春秋》三传者：《左氏》《公羊》《穀梁》是也。《史记》称《左氏》曰"春秋"，称《公》《穀》曰"传"。清刘逢禄据是谓《左氏春秋》犹《晏子春秋》《吕氏春秋》也。刘歆等改左氏为传《春秋》之书。东汉以后，以讹传讹，冒曰《春秋左氏传》，不知春秋固为史书之通称，而传之名号亦广矣。孟子常称"于传有之"，是凡经传无不可称传。孔子作《易》十翼，后人称曰《彖传》《象传》《文言传》《系辞传》是也。左氏之初称传与否，今莫能详。太史公云："左邱明因孔子史记具论其语，成《左氏春秋》。"此谓丘明述传，本以说经。故桓谭《新论》《太平御览》引。云："《左氏传》于经，犹衣之表里相持而成。"焉得谓是《晏子》《吕览》之比？盖左氏之旨，在采集事实，以考同异，明义法，不以训故为事，本与其余释经之传不同。《春秋》不须训故，即《公》《穀》亦不重训故也。

《春秋经》十二公，何人所题？《三体石经》今存文公篇题。哀公《经》又何人所题？是当属左氏无疑。《汉志》：《春秋古经》十二篇，《经》十一卷。此因《公》《穀》合闵于庄，而《左氏》则庄、闵各卷，故《公》《穀》十一，而《古经》十二也。闵公历年不久，篇卷短少，故合之于庄。乃何休则以为"三年无改于父之道"，不以凿乎！

《汉志》：《春秋古经》十二篇，《左氏传》三十卷。是经、传别行。杜元凯作注，始合经、传而释之。昔马融作《周官传》，就经为注。康成注《易》以十翼合之于经，皆所以便讽籀耳。《论衡·案书篇》云："《春秋左氏传》者，盖出孔子壁中。"而《汉志》称孔壁所得止有《尚书》《礼记》《论语》《孝经》。《说文序》云：鲁恭王坏孔子宅，而得《礼记》《尚书》《春秋》《论语》《孝经》，又北平侯张苍献《春秋左氏传》。张苍所献者，是否经、传合编，则不可知。今《左氏》经文已经后师用《公》《穀》校改，观《三体石经》与今本不同可知也。《儒林传》称贾谊为《左氏传训故》，是《左氏传》先恭王坏壁而出，《说文序》云"张苍献之"，是也。

唐赵匡云：邱明者，盖夫子以前贤人，如史佚、迟任之流，而刘歆以为《春秋左氏传》是邱明所为耳。案：昔人所以致疑于左氏者，以《左传》称鲁悼公之谥。鲁悼之卒，后于获麟五十年。又称赵襄子之谥。赵襄之卒，更在其后四年。如左氏与孔子同时，不至如此老寿。然考仲尼弟子老寿者多。《史记·仲尼弟子列传》称子夏少孔子四十四岁，《六国表》称魏文侯十八年受经子夏，时子夏一百一岁矣。至文侯二十五年，子夏一百有八，《魏世家》犹有受经艺之文。假令左氏之年与子夏相若，所举谥号在鲁元初年，其时不过八十余岁，未为笃老也。又《吕览·长利》篇载南宫括与鲁缪公论辛宽语。缪公之卒，上距元公之初五十余年，南宫得见缪公，则何疑于左氏之不逮元公也！刘向《别录》称："左邱明授曾申，申授吴起，起授其子期，期授楚人铎椒，铎椒作《钞撮》八卷，授虞卿，虞卿作《钞撮》九卷，授荀卿，荀卿授张苍。"案：《吕氏春秋·当染》篇、《史记》列传，皆称"吴起学于曾子"。《檀弓》亦称曾申为曾子。《说苑·建本》篇称魏武侯问元年于吴子，则起受《左氏春秋》于曾申可信。起死在鲁缪公二十七年，去获麟已百岁。《十二诸侯年表》云："铎椒为楚威王傅，威王元年去获麟一百四十二年。为王不能尽观《春秋》，采取成败，卒四十章，为《铎氏微》。"微者，具体而微之谓，即钞撮是也。《左传》全文十七万字，合经文则十九万字，简编之繁重如此，观览不易，传布亦难矣。《汉志》云："《春秋》所贬损大人当世君臣有威权势力，其事实皆形于传，是以隐其书而不宣，所以免时难也。"抑亦未尽之论，恐《左氏》之不显，正为简编繁重之故，此铎椒所以作钞撮也。

《吕氏春秋》《韩非子》诸书多引《左氏》之文，其所见是否《左氏》全文，抑仅见铎氏钞撮，今无可征。至《公》《穀》所举事实，与《左氏》有同有异。大概《公》《穀》本诸《铎氏》，其不同者，铎本所无耳。《别录》云："铎椒授虞卿。"以其时考之，虞卿欲以信陵君之存邯郸为平原君请封，本传。而铎椒为楚威王傅，自楚威元年至信陵君救邯郸之岁，历八十三年，则卿不得亲受《春秋》于椒。《别录》所述，当有阙夺。又云："虞卿授荀卿，荀卿授张苍。"虞卿相赵，荀卿赵人，自得见之。荀卿适楚而春申君以为兰陵令，春申君死而荀卿废。本传。荀卿废后十八年秦并天下，时张苍为秦御史，主柱下方书。苍以汉景帝五年卒，年百有余岁，本传。则为御史时已三四十矣，其得事荀卿自可信。荀卿之卒，史无明文。《盐铁论》称"李斯为相，荀卿为之不食"，是荀卿亦寿考人也。苍献《左传》而传之贾谊。今观贾谊《新书》征引《左氏》甚多，其传授分明如此。

桓谭《新论》云：《左氏》传世后百余年，鲁穀梁赤为《春秋》，残略多所遗失，又有齐人公羊高缘经文作传，弥离其本事。观《公羊隐十一年传》称"子沈子曰"，何休云："沈子称子，冠氏上者，著其为师也。"《穀梁定元年传》直称沈子，则沈子当与穀梁为同辈，此《公》《穀》后先之证也。柏举之役，《穀梁》称蔡昭公归乃"用事乎汉"，《公羊》则改为"用事乎河"。盖公羊齐人，知有河而不知有汉，不知自楚归蔡，无事渡河，此公羊不明地理之过也。《史通》讥《公羊》记晋灵公使勇士贼赵盾，勇士见盾食鱼飧，叹以为俭，以为公羊生自齐邦，不详晋物，以东土所贱，谓西州亦然，遂目彼嘉馔呼为菲食，于物理全爽。改一字而成巨谬，斯又《公羊》后出之证也。《穀梁》常引《尸子》之言，《汉志》云："尸子名佼，鲁人，秦相商君师之，鞅死，佼逃入蜀。"穀梁有闻于尸佼，疑其亦得见《秦记》。《六国表》称《秦记》不载月日，穀梁习闻尸佼之说，见秦记之文，故以鲁史之书月日为义例所在矣。殽之役，《穀梁》言"秦越千里之险，入虚国，进不能守，退败其师，徒乱人子女之教，无男女之别，秦之为狄，自殽之战始也"。范宁不能解，杨士勋疏云："'乱人子女'，谓入滑之时纵暴乱也。"案：《史记·扁鹊传》云：秦穆公梦之帝所，帝告以"晋国且大乱，其后将霸，霸者之子且令而国男女无别"。夫献公之乱，文公之霸，而襄公败秦师于殽，而归纵淫，与《穀梁》之言合符。盖《穀梁》得之《秦记》尔。《史记·商君传》："商君告赵良曰：始秦戎狄之教，父子无别，同室而居，今我更制其教，而为其男女之别。"此亦秦师败于殽而归纵淫之证也。至《穀梁》所记，亦有可笑者，如季孙行父秃，晋郤克眇，卫孙良夫跛，曹公子手偻，同时而聘于齐，齐使秃者御秃者，使眇者御眇者，使跛者御跛者，使偻者御偻者。此真齐东野人之语，而《穀梁》信之。又如宋、卫、陈、郑灾，《穀梁》述子产之言曰："是人也，同日为四国灾也。"岂以裨灶一人能同日为四国灾耶？

《穀梁》下笔矜慎，于事实不甚明了者，常出以怀疑之词，不敢武断。荀卿与申公皆传《穀梁》。大氐《穀梁》鲁学，有儒者之风，不甚重视王霸，公羊齐人，以《孟子》有"其事则齐桓、晋文"之言，故盛称齐桓，亦或过为偏护。何休更推演之，以为黜周、王鲁、为汉制法诸说，弥离《公羊》之本义矣。

《公羊》后师有"新周故宋"之说。《公羊成十六年传》，成周宣榭灾，"外灾不书，此何以书，新周也"。夫丰镐为旧都，成周为新都。《康诰》曰："周公初基作新大邑于东国洛。"《召诰》曰："乃社于新邑。"《洛诰》曰："王在新邑烝。"新周犹言新邑，周不可外，故书。义本坦易，无须曲解。"故宋"本非《公羊》家言，《穀梁桓二年传》："孔子，故宋也。"孟僖子称孔子圣人之后，而灭于宋。《穀梁》亦谓孔子旧是宋人。新周故宋截然二事，董、何辈合而一之，以为上黜杞，下新周而故宋，此义实《公》《穀》所无，由董、何误读《传》文而立。至文家五等质家三等之说，尤为傅会。《左氏》言："在礼，卿不会公侯，会伯子男可也。"《公羊》亦云："《春秋》伯子男，一也。"申之会，子产献伯子男会公之礼六。《鲁语》，叔孙、穆子言诸侯有卿无军，伯子男有大夫无卿。据《周官》：上公九命，侯伯七命，子男五命，即谓公一等，侯伯一等，子男一等。至春秋时，则伯子男同等，此时王新制尔。若云素王改制，则子产、叔孙、穆子皆在孔子修《春秋》以前，何以已有伯子男同班之说？仲舒未见《左氏》，不知《公羊》之语所由来，乃谓孔子改五等以为三等，为汉制法。其实汉代止有王、侯二等，非三等也。

公羊即不见《左氏传》，或曾见铎氏钞撮，故其说亦有通于《左氏》者。如"元年春，王正月"，《左氏》云："王周正月。"王周犹后世之称皇唐皇宋。谓此乃王周之正月，所以别于夏、殷也。《公羊》云："王者孰谓？谓文王也。曷为先言王而后言正月？王正月也。何言乎王正月？大一统也。"盖文王始称王，改正朔，故《公羊》以周正属之，其义与《左氏》不异。乃董仲舒演为通三统之说，如董说则夏建寅，商建丑，必将以二月为商正月，三月为夏正月，不得言王二月、王三月矣。

《公羊》本无神话，凡诸近神话者，皆《公羊》后师傅会而成。近人或谓始于董仲舒。案：《公羊》本以口授，至胡毋生乃著竹帛，当汉景帝时，则与仲舒同时也。何休《解诂》一依胡毋生条例。盖妖妄之说，胡毋生已有之，不专出董氏也。《公羊》嫡传，汉初未有其人。戴宏之说全无征验。《论衡·案书篇》云："公羊高、穀梁寘、胡毋氏皆传《春秋》，各门异户。"夫三人并列，可知胡毋生虽说《公羊》而亦自为一家之学。汉人传《尚书》者，小夏侯本受之大夏侯，后别立小夏侯一家。胡毋生之传《公羊》，亦其比矣。《别录》及《艺文志》但列公、穀、邹、夹四家，今谓应加胡毋氏为五家，庶几淄渑有辨。惜清儒未见及此，故其解释《公羊》总不能如晦之见明，如符之复合也。惟《公羊》得胡毋生而始著竹帛，使无胡毋生则《公羊》或竟中绝。然则胡毋生亦可谓《公羊》之功臣矣。

汉末钟繇不好《公羊》而好《左氏》，谓左氏为太官厨，《公羊》为卖饼家。自《公羊》本义为董、胡妄说所掩，而圣经等于神话，微言竟似预言，固与《推背图》《烧饼歌》无别矣。今治"三传"自应以《左氏》为主，《穀梁》可取者多，《公羊》颇有刻薄之语，可取者亦尚不少，如"内诸夏外夷狄"之义，"三传"所同，而《公羊》独著明文。又讥世卿之意，《左》《穀》皆有之，而《公羊》于尹氏卒，崔氏出奔，特言"世卿非礼"。故读《公羊传》者，宜舍短取长，知其为万世制法，非为汉一代制法也。

莤汉雅言札记·经学

群经第一

《易》

先生云：伏羲画卦，乃揭示中国舆地之四至八到。

先生云：《周易》最难了澈，佛法入中土，乃得会通。

焦循为《易通释》，取诸卦爻中文字声类相比者，从其方部，触类而长，所到冰释；或以天元术通之。虽陈义屈奇，诡更师法，亦足以名其家。

先生云：李善兰曰："太极即点，天元即线，天元自乘即面，天元再乘即体。"准此则四元术所云太极，即可比《易》之太极矣。太极引而长之为天元，则"太极生两仪"矣；天元自乘，则"两仪生四象"也；天元再乘，则"四象生八卦"也。然则太极即旋机，犹欧罗巴人所云重心。而王弼之说，真无可易矣。焦循虽少重王弼，然犹以玄言为非，则滞于常见也。

先生云：湘潭王氏说《易》，谓"马八尺以上为龙。《易》所言龙，皆马也"。若然，所谓"潜龙跃渊""飞龙在天"者则不可通。且古书亦数以龙蛇并称，非专指马八尺以上者明矣。

《书》

先生云：《尧典》"嵎夷"，《说文》引作"堣夷"，今文作"禺铁"，惟《五帝本纪》作"郁夷"，此为安国所得壁中真本。"堣夷"乃后汉诸儒之治古文者，以今文改字耳。按《毛诗》"周道倭夷"，《韩诗》"倭"作"郁"，知此"郁夷"即"倭夷"。《汉书·地理志》"乐浪海中有倭人，分为百余国"，是也。

先生云：二十九篇虽在，亦犹废绝。《禹贡》之山川，《尧典》《立政》之官制，《吕刑》之法律，差可以窥一端。

太炎先生近年籀读《太史公书》，成《太史公古文尚书说》一卷。嗣后贯穿故训雅记，以己意比考，成《古文尚书拾遗》二卷。已见《章氏丛书续编》。闻年来复有新得奔箧衍中，先生大渐之前日，尚语家属，即为刊行。余有挽先生联云："孔壁探遗经，折异证同成绝学；六书明正体，穷冥通化更何人！"然先生弟子中，治《古文尚书》者有吴君承仕。季刚虽殁，其遗著足以羽翼《文始》者，亦将由季刚弟子为之校刊。章学复兴，其不远乎！

先生《中学国文书目》云：《尚书孔传》，有伪古文经二十篇，宜简去。其称《孔传》，亦是托名，正当称《枚传》。今不用段、孙二家《尚书》者，以段只考正文字，孙编次古注，未有裁决故。

《诗》

先生云：《国风》异于谣谚，据《小序》说，大半刺讥国政，此非田夫野老所为，可知也。其他里巷细情，民俗杂事，虽设为主客，托言士女，而其词皆出文人之手。观于汉晋乐府，可得其例矣。

《周礼》

先生云：《周官》始出山岩屋壁，未有校勘者。杜子春以下，多所发正，如晦之见明。

先生云：《周礼》为官制之原，历代不能出其范围，不限于封建、郡县也。《唐六典》《明会典》《清会典》编次之法，皆依《周礼》。

《春秋》

先生云：孔子当春秋之季，世卿秉政，贤路壅塞，故其作《春秋》也，以非世卿见志。其教弟子也，惟欲成就吏材，可使从政。而世卿既难猝去，故但欲假借事权，便宜行事。故终身不敢妄冀帝王，惟以王佐自拟。

经与传，犹最目与委曲细书。韩非《内储上下》，皆自为经，又自为说，叙其旨意。近代司马光造《资治通炮》，又先为《目录》，襄括大法。经何嫌有丘明，传何嫌有仲尼耶？

《论语》

先生云：《论语》之名，初甚广泛，凡记孔门言行者，如《三朝记》及《仲尼闲居》《孔子燕居》之类，以及《家语》二十七篇、《孔子徒人图法》二篇，悉以为称。故王充言《论语》有数十百篇。秦火以后，传诵不绝，而未有专师授受。及鲁共王坏孔子宅，得壁中古文《论语》，还之孔氏，孔安国以授扶卿。自是《论语》之名，始有限制；《论语》之学，始有专师。此王充所谓"始曰《论语》"，别于前此之泛称《论语》者矣。

先生云：《汉书·儒林传》云："迁从安国问故，迁书多古文。"好古之士，欲求《论语》古文者，当于迁书求之。

先生说《论语·泰伯》篇"士不可以不弘毅，任重而道远。"按《说文》强从弘声。旧言强弱者，多借"强"为"彊"，则"弘"亦可借为"彊"。且《说文》"弘，弓声也"，弓声刚厉，则引申自有"彊"义。此之弘毅，犹通俗言强毅耳。

先生说《论语·卫灵公》篇"君子固穷。小人穷，斯滥矣。"固与滥相对为文。《释诂》："坚，固也。"《易·文言》："贞固足以干事。"然则"固穷"者，犹言处困而贞，亦犹言贫且益坚耳。《庄子·让王》篇亦载此事云："内省而不穷于道，临难而不失其德。天寒既至，霜雪既降，吾是以知松柏之茂也。"正明坚贞之旨。盖孔子以子路不平，故不答其问，而告以处穷之道。若谓君子固应穷者，禹、稷、伊尹之达，又当何说？若如《集解》谓"君子固亦有穷时"，则又增字解经矣。

黄式三为《论语后案》，时有善言。

诸经总义

段玉裁以十三经为少，谓宜增《大戴礼记》《国语》《史记》《汉书》《资治通鉴》，及《说文解字》《周髀算经》《九章算术》，皆保氏书数之遗，集是八家，为廿一经。其言闳达，为雅儒所不能论。

古之六艺，唐宋注疏所不存者，《逸周书》则校释于朱右曾，《尚书夏侯遗说》则考于陈乔枞，《三家诗遗说》考于陈乔枞，《齐诗翼氏学》疏证于陈乔枞，《大戴礼记》补注于孔广森，《国语》疏于龚丽正、董增龄，其扶微辅弱，亦足多云。

先生云：昔人传注，本与经文别行。古文家每传一经，计有三部，与近世集钟鼎款识者相类。其原本古文，经师摹写者，则犹彼之摹写款识也。其以今字逢书者，则犹彼之书作今隶也。其自为传注，则犹彼之释文也。但彼于一书中分为三列，而此乃分为三书耳。

治经者既贵其通，亦贵其别。家有异义，不容唯阿两可。

汤仲棣言：太炎先生游湘，赴曾重伯。太炎先生谓重伯曰："自古文学政治，兼之者良艰。有之，其君家之文正乎！"重伯曰："经学家而革命者，古有巨君，今有足下。"寿按：重伯，清室世臣，其言不足怪。其后，重伯避地上海，先生与之倡和，不以前言为忤也。亦可见先生之豁达大度矣。

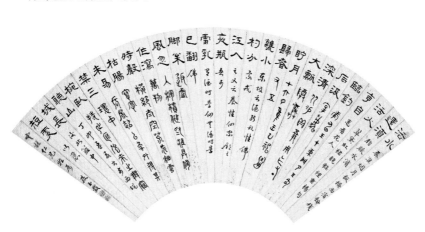

段玉裁二体书法

经义与治事

（一九三二年九月二十一日在苏州中学讲演）

到这里来，才知道这里是范文正、胡安定讲学之所。在时间上有久长的历史。全国学校，像这样有久长的历史的，恐怕数目不多。因此引起我浓厚的感想。

在苏州前辈先生中，范文正当然是第一流人物。所以这次我来讲学，首先提出范文正、顾亭林两位先生，作为立身、行己、为学、做事的标准。此地是范文正、胡安定"过化存诚"之所，当然更须提出来特别讲讲。

当时范文正请胡安定到这里来办理教育，安定首先提出"经义""治事"两项，作为为学的方针。何以不提出"修身"来讲一讲？依我揣测，"经义"可以包括"修身"，就"治事"而论，亦非"修身"不可，所以只须分讲"经义""治事"两项便好了。

原来学问类别，不外"经义""治事"两项。"经义"所包甚广，史学亦包括在内，可以说"经义"即是学问全部。至于"治事"，便是所谓办事。有了学问，当然非托之空言，要在见之实行。所以"治事"一项，亦很重要。后来亭林先生，对于这两项，可以说兼擅其长；以后的学者，便不能两者俱备了。苏州的经学，向来有名，惠氏父子可以作为代表；"治事"像冯桂芬之流，亦还可以。不过他们都不能兼擅两者。惠氏只知治经，其余一切不管；冯氏只知在地方上兴利除弊，对于国事，不加过问。这都是他们的短处，当时安定设教，对于"经义""治事"两项，究竟办治如何？现在无从考见。大约"经义"方面，口说的多，成文的少，所以说经之文不传，传的亦不十分精博。"治事"方面，亦无特别事项给我们知道。只知道他对于礼节的训练非常严厉。记得徐仲车（积）初见安定，头部微微带一些倾侧，安定马上厉声对他说："头容直！"仲车由此凛然，悟得非但头容要直，心亦要直。这种情形，亭林还有一些儿气味。至于惠、冯，无论"经义""治事"，都在书本上着力，见之于行事的，已不甚多；对于身心修养上的种种，更不遑顾及了。现在的时世，和往昔不同。但是，所变换的，只是外表的粗迹，至于内在的精义，是亘千载而没有变换的。所以，古未必可废，所着重的，在善于推阐。假使能够发挥他的精义，忽略他的粗迹，那末，以前种种，未必无补于现在。

一般人的意见，往往把经学史学，分而为二。其实经是古代的史书，史是近代的经书，二者本来是一致的。我们之所谓"经"，当然和耶、佛、天方不同。我们之所谓"经"，等于现代一般人所说的"线装书"。线装书上所记载的，是非美恶，成败利钝，在在和现在有关，我们不得不去注意。《尚书》当然是史；《礼经》《乐书》，等于史中之志；《春秋》便是史中纪传，不过当时分散各处，体例未备，到司马子长作《史记》，才合而为一，有纪有传，有志有书。所以，史即经，经即史，没有什么分别。现在我们假如单单讲经，好像没有用处；单单讲史，亦容易心粗气浮。所以，我的意思，非把两者合而为一不可。研究经的方法，先求训诂文义，进一步再探求他事实上的是非得失。至于如何应用？那末，运用之妙，存乎一心，在于各人的自得。而且时势不同，应付亦异，这是讲不了的。

在现在学校制度之下，经能讲，史不能讲。这因为学校制度根本不完善的缘故。经的书本少，讲来还不困难；但是在现在的大学里面，还只能讲一些概论之类。至于史，总数几乎二三十倍于经，卷帙繁多，如何讲得！于是不得不取巧一些，讲一些研究法。其实这根本是欺人之谈。试问未看全书，所谓研究，何从说起？我以为史的文理易明，不像经的训诂难通，费三年之功，一部廿四史，即可看全。这一门，宜于自修，不宜于讲堂上讲解。所以，我以为现在学校，有两件事应当认真去做，一是由学生自修，一是请教师讲解。一种学问，先后有条理可寻，非先通一关，第二关决难通过的，这一种，非请教师讲解不可。譬如各种科学，以及以前所谓"小学"之类都是。至于书籍众多，没有条理可寻，并且他的功用，在乎作用而不在乎条理的，这一种，不须讲解，只须各人自己观览即可。以前的学校叫做书院，其实相当于现在的图书馆。书院中预备了许多图籍，使得学生可以自由阅览。再聘请一位掌院或是山长，常驻院中，遇有疑难，可以请问。这种情形，学生有自得之乐，教师无讲演之劳，在事实上很是合理。假如这一项学问，书虽少而理却深，非经教师讲解，不能明了，这便须采用现在学校的讲授制，师生聚集在一处地方，按照次序讲授去了。所以，我以为学校和图书馆，两者不可偏废。讲求学问的方法，大约不出于这两种。

以上是关于"经义"一方面的话，现在再讲"治事"。"治事"——办事——本是多方面而且极活动的，非实地练习，不能知道处置的方法。譬如要学军事，便须到军队中去，当排长，当连长，假如仅仅在讲堂上读一两种书，试问有什么用处？政事亦然，单靠书本上的智识，不是崇拜着西洋各国情势隔膜的制度，便是拘泥着东方古代早已过去的陈规。总是没有用处。即使自己研究了很深很深，胸中了然，笔下超然，著了许多政治上的书籍，还是无用。为什么呢？因为政治是千头万绪，而且刻刻随了时势环境变化的。譬如现在局势混乱，你若想从政治上着手整理，假如单单依靠自己读书，那末即使翻尽《文献通考》之类，还是不知道从什么地方做起。所以政治一项，最要紧的，是亲自埋头干去，在干的中间，积蓄你如何如何的经验，决非在书本上讲堂内，随便看看谈谈，可以了事。况且，时势变迁，现代断然不能复为古代，古代书籍，即使现在看来句句都好，到底从那一件做起，还是问题。所以，平时读书，只好算积蓄材料，用时还须自己斟酌。譬如商店，资本大，货物多，顾客一到，可以从容应付。假如守着一两种书，便以为天经地义，牢不可破，这种固执不化的情形，怎样可以通方致远？所以，关于"治事"一项，学校教师，应当领导学生，亲自干去，在干的中间，求得切实的经验。学生不但应当在教师堂上听讲，在自己室内看书，还须多做游历的功夫。以中国而论，地方大，风俗异，此地相宜，那边不相宜，这种情形，书上记载简略，非实地考察，断乎不能了然。关于"治事"，我以为应得如此做去。假如不能，充其极，亦不过做到冯桂芬之流而已。

一个人要兼擅"经义"——学问、"治事"——办事两者，是不容易的。前面所讲的顾亭林，还只能做到六七分，不能说完全做到。他讲到学问，总是经和史连讲；讲到"治事"，非但明白当代的掌故，走过的地方，亦是不少，以此很能知道各处不同的风俗人情。两种兼擅，方才成功现在我们大家知道的顾亭林，这是很不容易的！

"经义""治事"两项，实在可以包括一切。但是古代和现在不同，我们当然要把他推广言之。不能守着以前的方法便算满足。即使现在范文正、胡安定复生，到此地来当校长，做主任，也决计不会守着陈旧的方法便算满足的。"经义"一门，要推广言之，"治事"一门，也要多想方法。

总之，学校里的教课，固然是学问；自己个人的自修，阅历，亦是学问。走一步，见一人，无往而不是学问。假如单单守着学校里的教课以为学问，那末，一定会得使你感到十二分的缺乏的。以前子路说过："有民人焉，有社稷焉，何必读书，然后为学？"这话并未讲错。从古到今，有一种人痛恨俗吏，痛恨官僚，但是自己讲论政治多年，一旦担任职务，往往不能及到他们。这个原因，便是一在空论，一在实习。所以，我以为讲到实用，学问不过占三分之一的力量，三分之二的力量，是靠自己的练习。子路的话，并未说错，不过略嫌过分一些罢了。以前安定设教，"经义"之外，另外提出"治事"一项，这是他独具只眼的所在。现在我们不知道他当时如何办法。或者当时出校以后，更有补救的方法，亦未可知。否则"治事"是教不完的。

因为此地是安定首先提出"经义""治事"两大类别的地方，所以我今天才如此的讲。总而言之，现在教育的界限要放宽，那末才可以完成九百年来这两句话的大用处。

讲学大旨与《孝经》要义

（一九三三年在苏州演讲）

余往昔在北京、日本等处，亦曾讲学，所讲与今日学校中讲授者无殊，但较为精细而已。今昔时代不同，今日之讲学，不如往昔矣。第一只须教人不将旧道德尽废，若欲学者冥心独往，过求高深，则尚非其时，故余今日之讲学，与往昔稍异其趣。惟讲学贵有宗旨，教人不将旧道德尽废者，亦即教人"如何为人"之宗旨而已。为人之道亦多矣，如宗儒教人如何静坐，如何精修之语甚夥，余虽不反对，却不愿如此说，因高谈性命，似觉宽泛，概说做人，亦无着落。今日听讲者，多为苏州人，故余即于近处取譬，姑举苏州已往二位人物，作为听讲者之模范。一、范文正，二、顾亭林。此二人者，求之今日，真如凤毛麟角，余亦因之不能不一讲二公之道德、学问、事业，俾学者共勉焉。

范文正。文正平生，无致力于理学之名，惟彼提倡理学，不遗余力，当时一辈理学师儒，颇多受渠汲引者。盖五代宋初之际，风俗败坏，人格堕落，文正蹵然忧之，力倡气节，缘文正于军事政治等为全才，而志行抱负亦独高也。自来讲求气节之士，往往不易与人和合，空山寂寞，孤行独往，不为世合，而又不苟合于世，比比皆然。惟文正则不然，温温自处，休休有容，人既不见嫉，世亦不为怪，性格豪迈，绰有才调，此儒者而具豪杰之风者也。儒而豪侠，固无妨于儒。

当宋之时，范文正与司马温公先后齐名，司马公之学问，固精博矣，惟不无搦节太甚之处。时有人因欲纳妾，乞借钱五百千于司马，既不借贷，又以洋洋千余言之长函覆之，自述清贫，使人难受，此事正司马公所独短。若文正则渊渊之度，汪汪之量，所谓先天下之忧而忧，后天下之乐而乐，与司马公之建独乐园，专以自娱者，志趣甚异。惟宋儒讲理学，得司马公之风者独多，得范文正公之风者绝少，故宋儒做事，恒做不开。吾人追慕宋贤，如以范文正公一派为模范，则庶几有益于世道矣。

范仲淹像

　　顾亭林。亭林先生学问博大，儒而兼侠，一切均务平实，做事亦颇举得起，即垦荒事业，彼亦能为。考其行事，与宋之迂儒不同，即与范文正亦非全同，学者试一比较，即可知我说之不谬也。当清之时，学者都贱视六朝人，亭林独不谓然，而推崇六朝人之崇尚礼法，其见识之远大可见矣。今日举世毁法灭礼，而苏州士人尚能保存礼教，此风得之于亭林先生之遗教者独厚，惟苏州今日尚无亭林其人。

顾炎武像

即以中国之大，亦迄无亭林者挺生于世，此所以中国之祸乱，日甚一日而不已也。顾氏精警博大之著作，有《日知录》《天下郡国利病书》等。但我人今日尚谈不到精研学术，只能将顾氏"博学以文，行己有耻"二语提出，其第二语，勉力躬行，正今日做人之要旨也。

做人根本，究竟何在？研究做人之根本书，又有何种？其实不外《论语》一部。《论语》之外，当为《孝经》，余则《礼记》中《大学》篇、《儒行》篇与《仪礼》中之《丧服》篇尚已。《论语》为做人之根本书籍，不读《论语》，真如终身长夜。《孝经》为经中之纲领，在昔学人，最重视之，今则为一辈"讲新道德者"与"提倡家庭革命者"所反对。惟《孝经》所说之语，句句系自天性中来，非空泛者可比，故反对者无论如何激烈，余可断其毫无效用。《大学》一篇，与《中庸》不同，《大学》即太学之谓，所载语平实切身，为脚踏实地之言，与《中庸》牵及天道者有异。我人论学，贵有实际，若纯效宋儒，则恐易流入虚泛。且一言及天，便易流入宗教。基督教处处言天，以"天"之一名辞压倒一切人事，此余辈所不欲言者。《大学》修齐治平之道，有程序，有办法，可为包括修己、治人二大事之书。《儒行》篇在今日尤为重要，儒者，柔也，此种倾向，自来深入人心。因数千年来，儒者专尚谦恭和平，做事处处让步，以退为是，其弊至于奄奄一息，毫无生气，此儒者之大病也。惟《儒行》篇所云，大都慷慨任侠，与庸谨之儒大异。昔宋太宗当新进士及第进谒时，赐以《儒行》一篇。至高宗时乃拟依太宗旧法行之，而拟加赐《中庸》一篇，卒为秘书省正字高闶驳回，以为《儒行》所说，近于七国纵横之言。此言足以代表两宋诸儒意见，盖儒风日趋于懦矣。今观东汉重视《儒行》，类多奇节伟行之士，学风振起，人心刚果。至宋则不然，虽有理学诸师，绝少气魄宏伟之士，不过称为善士而已，等而下之，则不免于乡愿矣。《丧服》一篇，今之学者不注意已久，余必欲提出此篇者，盖"礼教"二字，为今之时流所不言，然《仪礼》十七篇中，多诸侯大夫之礼，本与今日我国之政治制度无干。其纯为士人者，《冠礼》亦久无人用；《昏礼》亦仅存六礼名目；《乡饮酒礼》，前明一代，尚有行之者，清则尚存乡饮大宾之虚号，而未尝行其礼；《士丧礼》虽偶有行之者，然亦不尽依古礼；惟《丧服》则历代改易者甚少。民国以来，交通繁盛之区，染濡欧风，丧服渐废，居丧者仅悬墨纱于臂袖间，以为了事，然此亦仅少数通商口岸之现象耳。以全国论，则内地各处，丧服制度依然存在。且彼等濡染欧风者，讣告上尚赫然书斩衰、齐衰、大功、小功、缌麻之文，是实替而名犹在也，惟此一事，今尚葆存，然亦几为新学者反对。故余于《丧服》，不得不略事讲述，以告诸学者。

此次余来苏州讲学，仅二十日，二十日内，无论如何讲学，亦难讲尽。故以上余所提出之五种书籍，除《论语》因人人必须诵读，暂不讲解外，余四种书，即《孝经》《大学》《儒行》《丧服》，亦仅讲大意而已。学者于听讲之余，苟有疑难，尽可至余寓所质问。

《孝经》。我国素以《孝经》为修身讲学之根本，教育根源，亦依于此。汉人且以《孝经》为六经之总汇。此书共计一千九百字，字句易读，文理易解，学者大都读过，无烦余之详述。按本经云："夫孝，德之本也，教之所由生也。"中国教育之所以不带宗教意味者，实赖此言。盖《孝经》专言人事，与天道无涉，故我国之教育，完全为"人事教育""实事教育"。试书其义，盖父子系于天性，生来便是如此。古代教育之术，所谓"谨庠序之教，申之以孝弟之义。"宗旨已

《孝经》

尽于此，绝不如宗教家之专言"天命""上帝"，科学家之专研"物理""化学"也。然汉人极重孝道，最讲《孝经》。而汉人说经，亦有喜言"天"者，如"天人相与之际"等语。"天"与"人"究有何关系？荀子《天论》篇言之独详，直将"天"之一字，排斥净尽。杨雄云："通天地人谓之儒，通天地而不通于人谓之技。"其言虽正，尚不免拖泥带水。今观《孝经》"教之所由生"一语，正是专讲人事，何尝论及天地？其云"孝者，天之经也，地之义也，民之行也"，此乃以人之德行，支配天经地义。换言之，即人之德行，实为天经地义是也。然谓《孝经》为六经之总汇者，究于何处见之？按本经云："先王有至德要道。"先王为谁，郑康成以为禹三王之最先者。其意盖谓自禹以后，政治上之元首，为世袭制，故天子之孝，由此而起。是说也，余不甚谓然。试读《尚书·尧典》与《孝经》首章比较，便不难喻晓矣。《孝经》云："先王有至德要道，以顺天下，民用和睦，上下无怨。"《尧典》云："克明俊德，以亲九族；九族既睦，平章百姓；百姓昭明，协和万邦，黎民于变时雍。""克明俊德"之"俊"字，太史公《五帝本纪》作"驯"字，"驯"与"顺"同。"黎民于变时雍"之"变"字，一作"蕃"，见汉成帝诏书，一作"弁"，见孔宙碑。按《诗》"弁彼鸒斯"，毛《传》："弁，乐也。"《说文》："昪，喜乐貌。""于弁"者，"于乐"也，是解较"于蕃""于变"为妥。盖上言"协和"，而下言"蕃"，或言"变"，上下不相应，惟言"乐"则相应。此一节，《尧典》与《孝经》对照，恰相吻合。《孝经》为六经大总汇，由此可见。今日世风不变，岂特共产党非孝，一辈新进青年，亦往往非孝。岂知孝者人之天性，天性如此，即尽力压制，亦不能使其灭绝。惟彼辈所恃理由，辄借口于"反对封建"，由反对封建而反对宗法，由反对宗法而反对家庭，遂致反对孝行。不知家庭先于宗法，非先有宗法而后有家庭。盖有男女而后有夫妇，有夫妇而后有家庭，一夫一妇，即为一家庭，斯时未有宗法也，且无所谓宗法也。一夫一妇一子或多子者，如父尚在，亦仍为一家庭，无所谓宗法也；父死之后，兄弟数人，然后有宗法可言。是故家庭者，不产生于宗法，而宗法者，实为家庭之产物，此不可以不明辨者。今人侈言社会、国家，耻言家庭，因之言反对"孝"。然《孝经》包含之义甚广，所谓"战陈无勇非孝也",明明直斥一辈见敌不抵抗不为国家效命之徒为不孝。孝之一字,所言至广,岂于社会、国家有碍?且家庭如能打破,人类亲亲之义,相敬相爱之道,泯灭无遗,则社会中之一切组织,势必停顿,社会何在?国家何在?亦不问而可知已。我国儒者之教,一在顺人情,一在有真凭实据。"孝"为人类天性,行之最易,孩提之童,无不知爱其亲,极有证据。明罗近溪尝云"良知为孟子所明言","孩提之童,无不知爱其亲也,及其长也,无不知敬其兄也"二语,即是良知,此言最为精警透辟。又云:"孔、孟也是说得无可奈何,只能以孝弟二字为教学之本。"所谓无可奈何者,即谓人所易行人所共见之事,除孝弟以外,并无他事可以代替耳。

《大学》大义

（一九三二年十月在苏州中学演讲）

《学记》《大学》，均《礼记》之一篇。今舍《学记》而讲《大学》者，《大学》条理清楚，且语语平实，足为今日对症之药也。大学义为太学，与后之国子监相等。太学科目，今不得知。即《大学》一篇，出谁氏手笔，亦无从考求。归之曾参，未见其然。中间偶引曾子之语，此所谓曾子，未必即系曾参。孔门弟子，惟曾参称"子"，盖当时通行之称谓如是，《庄子》《吕氏春秋》，均可作证。不但曾参称"曾子"，曾申亦称"曾子"。《檀弓》"穆公问于曾子"，《史记》"吴起受学于曾子"，均系曾申，非曾参也。然则《大学》所称"曾子"，其为参乎申乎，未可知也。

宋儒表彰《大学》，而杨慈湖非之。《大学》重"正心诚意"，慈湖据《孟子》"必有事焉而勿正心"一语驳之，以为心乌可正？实则《孟子》"正心"之言，意别有指，慈湖据之以驳，意亦非是。汪容甫亦反对《大学》，谓非孔子之道。容甫凡宋儒所言，均力辟之，恐此亦因倡导之力出于宋儒，故反对之耳。于《大学》本身无伤也。

《大学》之旨，不善领会，则弊窦丛生。"致知格物"，七十二家之注，聚讼纷纷，朱晦庵"穷知事物之理"，与正心诚意何涉？无怪王阳明以"洪水猛兽"诋之矣。近人谓"道德由于科学"，与晦庵穷知事物之理而后能正心诚意者何异？必谓致知格物，然后方可诚意正

王阳明像

心，则势必反诸禽兽而后已。何者？如云人与兽均为哺乳动物，依此而为穷知事物之理然后正心诚意，则人之行当反于兽之行，非驱圆颅方趾之类，入于獉獉狉狉乎？阳明诋晦庵为洪水猛兽，实则晦庵但知力学服官，并未真实用功于穷知事物之理。所谓穷知事物之理者，仅仅托之空言。今则不然，科学之影响，使人类道德沦亡，不仅托之空言，抑且见之实行，则所谓"洪水猛兽"者，不在晦庵，在今日谈科学而不得其道者也。

"格物"之解释，郑康成与王阳明均未全当。郑《注》："所知于善深，则来善物；所知于恶深，则来恶物。"解"格"为"来"，解"物"为"事"，义与"我欲仁，斯仁至矣"相同。阳明"致良知"，"格"字作"正"字解，谓"致良知以正事"。诚若康成、阳明之解，则原文当作"致知而后物格"，其为颠倒文义甚明。司马君实谓"何物来即以何物打扫出去"，将"格物"之"格"，解作"格杀勿论"之"格"，与佛家为近，亦非修齐治平之道。是以郑、朱、马、王，义均未谛。惟阳明弟子泰州王艮心斋，以为"格物"即"物有本末"，"致知"即"知所先后"，乃与"诚意正心"相合。窃意"格物致知"之解，当以此为准也。

《大学》三纲，曰"明明德"，"亲民"，"止至善"。太学所教，目

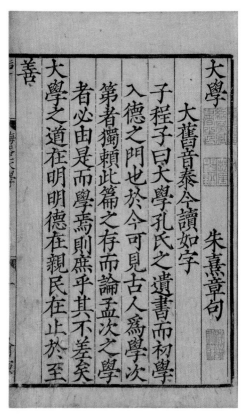

《大学》

的在此。与《尚书》《孟子》之言吻合。《尚书》云："百姓不亲，五品不逊，女作司徒，敬敷五教。"《孟子》谓："三代之学，皆以明人伦；人伦明于上，小民亲于下。"百姓不亲，故教化以亲之；人伦不明故教化以明之。可知《大学》"亲民"之说，殊合古义。朱晦庵强以"新民"改之，谓与下文《康诰》"作新民"之文合。殊不知《康诰》为殷、周革命之书，其意欲使殷之旧民，作周之顺民。《大学》之意，岂强迫他国之民，作己国之民哉？如云以自己之旧民，作现在之新民，则弃旧道德而倡新道德，真"洪水猛兽"矣！

《大学》原无弊病，宋儒颠倒章节，自陷迷阵，解来解去，义即难通。医书中之《伤寒论》，明人亦易其章句，致文义缪辀。今日本医家，独能知其真相。《大学》晦塞已久，惟阳明为能知其谬妄而遵用古本。实则《大学》文义本明，不必宋人之多事也。

"致知格物"，本为提纲之论，不必过事深求，儒者之道，除修己治人，别无他法。"正心诚意修身"，修己之道也；"齐家治国平天下"，治人之道也。修己治人，包含许多道理，《大学》据之，以分清步骤，岂有高深玄妙之言？所谓"诚意"，不过比之于"如好好色，如恶恶臭"；所谓"正心"，不过谓为"心不在焉，视而不见，听而不闻，食而不知其味"，何高深玄妙之有？宋儒于"明明德"即有"虚灵不昧"等语，语涉神秘，殊非本旨。实则所谓"明明德"者，不过"为人君，止于仁；为人臣，止于敬；为人子，止于孝；为人父，止于慈；与国人交，止于信"而已。所谓"亲民"，即此是也。由今观之，语语平实，何奥妙神秘之有哉？王艮解"止于至善"，谓即明哲保身。按之《大学》全文，殊为乖舛。古来龙逢、比干，何尝如此？此王艮之妄，不可信者！

《大学》所言治国平天下，均为亲民之道。所谓"上老老而民兴孝，上长长而民兴弟，上恤孤而民不悖"者，何一非亲民之道乎？惜乎现代施政，均与相反。秦始皇之凶暴，不致"好恶拂人之性"，其为"好人之所恶，恶人之所好"者，只有现代之政治耳！要之，《大学》论治平之要，不外三端，一即好恶与人同；二为不忌贤才；三为不专务财用。自昔帝皇柄政，忌才者有之，今日虽无帝皇，而忌才之甚，过于往昔。梁元帝、唐德宗、明世宗、明怀宗，可谓忌才矣！然梁元帝遭杀身之祸，将领如王僧辩等，并不忌之。唐德宗初颇忌刻，失败后一革前非，于陆宣公甚见亲信。明世宗晚年仍用徐阶，知其尚能觉悟。明怀宗既殒其身，又亡其国，毕竟尚能任用史可法。宰相忌才，前有李林甫，后有王安石。林甫之于贤才，决不使荷重任；已在位者，务必排挤使去；然并未斥去年幼之李泌。将领后如郭子仪，前如王忠嗣，亦能与以优容。安石与林甫相类，柄政之后，亦不能容朝廷正士，然如司马光、范纯仁等，未见排斥净尽。古来君相忌才者，只此数人，而事实如此。今则并此而无之矣！今日军政首领，于才之高于己者，必挤去以为快；即下位之有才者，亦不能使之安于其位。《大学》之语虽平常，而今人不能及如此！他如"长国家而务财用者，必自小人矣"，《大学》所言，犹是为国家务财用，非借此敛财自肥者可比。王安石之流，犹不出此！而今之人，假国家之名，行贪婪之实，又出《大学》所讥下矣！以故，"好人之所恶，恶人之所好"；"人之有技媢嫉以恶之"；"长国家而务财用"，只今日之政治有之，自古未之有也！

孙中山氏亦推重《大学》，谓"外人做不出来"，彼之推重，吾不知其故。不知彼所谓好，好在何处。戴传贤亦称说《大学》，而行谊

孙中山像

乃与相反。《大学》之言甚平正，绝无高深玄妙之谈，顾于现代政治，句句如对症之药，以此知《大学》一书，诚哉其不可及也！

大约古人论道经邦，不喜为高深玄妙非常可怪之论，务求平实易行，颠扑不破。宋儒表彰《大学》，用意良是，惜其时时涉及虚无飘渺，与《中庸》相类。《中庸》好言天道，以"赞天地之化育"为政治道德之极致，只可谓为中国之宗教。所不同于耶稣者，讲论天道之后，犹知人事之重要耳。《墨子·天志》言天而不离政治，亦为政教合一之书。持此以较《大学》，《大学》意义平实，只言教学二项，不及高深玄妙。其所谓教，当然非宗教之教；其所谓学，即修己治人之学也。

世之文化，先于中国者，有南方之印度，后于中国者，有西方之希腊。进路不同，方向亦异。中国学问，无不以人事为根本。希腊、印度，均以"地"、"水"、"火"、"风"为万物之原素，首即偏重物质，由此演进，为论理学、哲学、科学；为伦理学、政治学。中国开物成务诸圣哲，伏牺、神农，畜牧耕种，事事皆有，然均以人事为根本，不遑精研微末。人事以修己治人为要，故"大学"之教，重是二项。

《大学》之外，又有所谓小学。小学为礼、乐、射、御、书、数，六艺之教，以实用为依归。书、数二项，为童子初学始基。识字布算，固初学之要也。射、御犹今之掷枪打靶御马驾车。礼即礼节之娴习，乐即歌舞之陶冶。二者偏于实习方面，皆以锻炼体格、涵养性情为宗旨。经礼三百，曲礼三千，如何学得完全？乐谱工尺，亦安能肄习空文？以是知二者所教，决非如后人意料中之偏读礼经、乐书也。小学所教，书、数、射、御而外，注重礼、乐之实践，均与修身有关如此！至其为学之步骤何如？学后之目的何在，则于《大学》明之。此《大学》之义也。

儒行要旨

（一九三二年十月在苏州中学演讲）

"儒"之一字，古人解作"柔"字。草昧之初，残杀以为常。教化渐兴，暴戾之气亦渐祛。所谓"柔"者，驯扰之意也。然周初"儒"字，未必与此同义。《周礼》："师以贤得民，儒以道得民。"贤者道德之谓，道者学问之谓，固非"柔"字之意。司马相如《大人赋》序："列仙之儒。"列仙而可称"儒"，可见"儒"为有道术者之通称。利玛窦入中国，人以"西僧"呼之，利曰："我儒也，非僧也。"此非有道术者得名为儒之证乎？

"儒"之一字，春秋时尚不甚见于称谓，只《论语》有"女为君子儒，毋为小人儒"之语。盖当时九流未兴，不必特别表明。降及七国，九流朋兴，孟子首蒙儒者之名。《庄子·说剑》，赵太子请庄周论剑，谓："先生必儒服而见王，事必大逆。"庄周非儒，赵太子称之曰儒。盖古之九流，学术有别，衣服无异。《儒行》孔子见哀公，哀公问："夫子之服，其儒服与？"孔子对："丘不知儒服。"以衣服为辨别学术之标准，无意义极矣！此殆孔子不肯承认儒服之故乎？《儒行》所说十五儒，大抵坚苦卓绝，奋厉慷慨。"儒专守柔"，即生许多弊病。汉张禹、孔光，阉然媚世，均由此故。然此非孔子意也。奇节伟行之提倡，《儒行》一篇，触处皆是。是则有学问而无志节者，亦未得袭取"儒"之名也。

人性本刚,一经教化,便尔驯扰。宗教之作用,即在驯扰人性,以故宗教无不柔者。沙门势利,是佛教之柔;天主基督教徒,亦带势利,是天主耶稣之柔。其后之趣于柔固非,其前之主于柔则是。试观南洋婆罗洲人,向无教化,以杀人为当然,男女结婚,聘以人头。人类本性刚暴如此,则不能相养以生,势不得不以教化柔之。然太柔而失其天性,则将并其生存之力而亦失之。以故,国家形成而后,人民不可不保留刚气,以相撑拄。近人病儒者之柔,欲以墨子之道矫之,孙仲容先生首撰《墨子间诂》以为倡,初意欲施之于用,养成风气,补救萎靡。不意后人专力于《经上下》《经说上下》论理学上之研究,致孙氏辈一番救世之心,淹没不彰。然使墨子之说果行,尊天明鬼,使人迷信,充其极,造成宗教上之强国,一如摩哈默德之于天方,则宗教之争,必难幸免。欧洲十字军之祸,行且见之东方。且近人智过往昔,天志压人,未必乐从。以故孙氏辈救世之心,固可敬佩,而揭橥号召,亦未尽善也。窃以为与其提倡《墨子》,不如提倡《儒行》。《儒行》讲解明白,养成惯习,六国任侠之风,两汉高尚之行,不难见之于今,转弱为强,当可立致。即有流弊,亦不过造成几个为害不甚重大之暴人,较之宗教战争,相去固不可以道里计也。

宋人多反对《儒行》,高闶即其代表。宋人柔退,与《儒行》本非同道。至于近人,以文字上之关系,斥《儒行》为伪,谓非孔子之言。其理由:鲁昭公讳"宋",凡"宋"皆代以"商",《儒行》孔子对哀公:"丘少居鲁,长居宋。"孔子不应在哀公前公然言"宋"。殊不知《儒行》一篇,非孔子自著,由于弟子笔录。当时孔子言"宋"言"商",无蓄音机留以为证,笔记之人,容有出入,安可据以为非?

常人读《论语》子路初见孔子，孔子有"君子有勇无义为乱，小人有勇无义为盗"二语，以为孔子不尚武力，以此致疑《儒行》"鸷虫攫搏，不程勇者；引重鼎不程其力"二语。不知卞庄子刺虎，孔子亦称其勇，而弟子澹台灭明曾有斩蛟之举，不过孔子不为而已。《儒行》中复有"其过失可微辨而不可面数也"一语，与"子路人告之以有过则喜"意相反，亦为读者所疑。不知在古人中此等行为，屡有记载。淳于髡讥孟子"在三卿之中，名实未加于上下"。又云："是故，无贤者也，有则髡必识之。"而孟子则对以"贤者之所为，众人固不识也"，以"众人"二字反唇相讥，可知孟子确系"可微辨而不可面数"者。宋世理学诸公，朱晦庵主张无极而太极，陆象山反之，二人因起争论，彼此信札，有面红耳赤、声色俱厉之概。二人学问之根本，本不在此，为一二枝叶问题，双方即妄加意气，各不相下，更甚于《儒行》之"可微辨而不可面数"矣。降至清代，毛西河、李天生讨论音韵，西河厉声对天生，天生拔刀向之，二人意气，岂不更甚于晦翁、象山乎。盖儒者本有此一类人，孔子并未加以轻视。十五儒中，有其一种，即可尊贵，非谓十五儒个个须与孔子类也。如此，吾人之疑可解，而但举"宋"字一端，固不足推倒《儒行》矣。

《儒行》十五儒中，亦有以和平为尚者，然不敌坚苦卓绝奋厉慷慨者之多。有一派表面似有可疑，如云："毁方而瓦合。"绅绎其意，几与明哲保身，混俗和光相同。然太史公传季布、栾布，二人性质相近，行义亦同，栾布拼命干去，季布卖身为奴。太史公称季布"摧刚为柔"。"摧刚为柔"，即"毁方瓦合"之意。试观张禹、孔光，终身无刚果之事，至于季布一流，前后皆不屈不挠，不过暂时为权宜之计，有谦柔之表示耳。所谓"毁方瓦合"者，谓此也。

细读《儒行》一篇，坚苦奋厉之行，不外高隐、任侠二种。"上不臣天子，下不臣诸侯"，当孔子时，即有子臧、季札一流人物。至汉，更有严子陵、梁伯鸾等。汉人多让爵，此高隐一流也。至于任侠，在昔与儒似不相容，太史公《游侠列传》有"儒墨皆摈不载"之语，然《周礼》六行："孝友睦姻任恤"，"任"即任侠之任，可知任侠本不为儒家所废。太史公传信陵、孟尝，颇有微词；于朱家、郭解，即极口称道。良以凭借势位，易于为力；民间仗义，难于通行，为可宝贵耳。《儒行》："合志同方，营道同术，久不相见，闻流言不信。"此即任侠之本。近世毁誉无常，一入政界，更为混淆。报纸所载，类皆不根之谈，于此轻加信从，小则朋友破裂，大则团体分散。人人敦任侠之行，庶几朋友团体，均可保全。此今日之要务也。又有要者，《儒行》所谓："谗谄之民，有比党而危之者，身可危也，而志

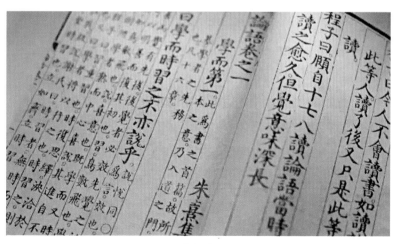

《论语》

不可夺也。"又谓:"劫之以众,临之以兵,见死不更其守。"此种守道不阿、强毅不屈之精神,今日亦当提倡。诸君试思,当今之世,情况何似? 何者为"谗谄之民"? 何方欲"比党危之"? 吾人鉴于今日之情况,更觉《儒行》之言为有味矣。

十五儒中,类别綦多,以上所举,不过最切要于今日者耳。高隐一层,非所宜于今日;任侠一层,则与民族存亡非常相关。虽小团体,非此亦不能存在。不可不三致意也!

试以《论语》相较,《论语》载:子路问成人,子曰:"若臧武仲之知,公绰之不欲,卞庄之勇,冉求之艺,文之以礼乐,亦可以为成人矣。"继而曰:"今之成人者何必然,见利思义,见危授命,久要不忘平生之言,亦可以为成人矣。"以今日通行之语言之,所谓成人,即人格完善之意。所谓"儒"者,亦即人格完善之谓也。"闻流言不信",非即"久要不忘平生之言"乎?"见死不更其守","身可危也,而志不可夺也",非即"见危授命"乎?《论语》《儒行》,本相符合,惟《论语》简约,《儒行》铺张,文字上稍有异趣,然守道之士,乌可以文害辞者? 不知宋人何以排斥之也?

东汉人之行为,与《儒行》甚近;宋人去之便远。《后汉书·党锢传》中人物,微嫌标榜太过,不能使吾人俯首;至《独行传》中人,则逊乎远矣! 如田子春之居乡,整饬一方,俨然有后世团练之风。曹操征乌桓,迷不得路,赖子春指导,得获大胜。操回,欲以关内侯爵之,子春坚辞不受。此与严子陵不同科,虽不受爵,依然干事,宋人乌能如此! 周濂溪、程明道开宋朝一代学风,《儒林》《道学》二传,鲜有奇节伟行之士;一遇危难,亦不能尽力抵抗,较之东汉,相去甚远。大概《儒行》一篇,无高深玄奥之语,其精神汉人均能做到。高隐一流，非所宜于今日，而任侠之风，非提倡不可也。曩讲《孝经》《大学》，诸君均已听过。鄙意若缺少刚气，即《孝经》《大学》所说，完全做到，犹不足以自立。诸君于此诸书，皆曾读过，窃愿深长思之。

丧服概论

（一九三三年）

国家昏乱，礼教几于坠地，然一二新学小生之言，固未能尽变民俗，如丧服一事，自礼俗以至今兹，二三千年，未有能废者也。今虽衰麻室庐之制，不能一一如古，大体犹颇有存者。以民国未定丧服，民间讣告，则改遵制成服曰遵礼。问以依据何礼，即人人不能自言。盖景附《清礼》而已，而《清律》所列《服图》，与清《通礼》又相舛驳。常人多见《清律》，少见《清通礼》，丧服率依律行之，亦未得云《清礼》也。自达者观之，累代所定服制，格以《礼经》之法度，往往有轶出者。今朝市已迁，无所独遵《清礼》，且缪于《礼经》者，亦独《清礼》为甚，则由累代删改，积渐以至是也。定丧服者凡四家，一曰《礼经》；二曰唐《开元礼》；三曰明《孝慈录》；四曰《清通礼》。唐、明之间，宋世尚略有更定，合之前四，共为五家。夫《礼经》制服，比例精严，其原则散见《子夏传》中，盖如刑律之有名例。服制虽无妨损益，要以不违原则不误比例为正，犹刑律之有可损益者，而要不得违其名例也。今之不能尽复《礼经》者，以"尊降""厌降"诸条，独可施于封建世卿之时，非秦、汉以下而宜守其累代循行者，皆"尊降""厌降"以外之事，谛审而不可革者也。而《开元礼》又颇有剟定，后之议者，多訾当时君相，作聪明而变旧章，然校诸宋、明、清三家，尚颇严谨有法。所以然者，六代礼书，讫唐世犹在，廷臣又多习礼家条例，故枉戾之言不能出诸其口，非如后代三家，不以其事付白徒鄙儒，即付之刀笔吏也。《清礼》既不可遵行，而轻议礼者又多破碎。择善从之，宜取其稍完美者，莫尚于《开元礼》矣。今先举三家之失，以明《开元礼》之是，条列如左：

宋世所失者一事

《礼经》："妇为舅姑齐衰期。"《传》曰："何以期也？从服也。"自唐贞元时，礼法渐坏，妇为舅姑，有从其夫服三年者，此乃民俗之讹，于国制无与。后唐比而从之。宋初魏仁浦等遂依以定礼。夫女子子适人者，为其父母且降为齐衰期。《传》曰："何以期也？妇人不贰斩也。"盖为夫斩衰，则其他更不得与之同服。今为舅斩衰三年，违于不贰斩之原则矣。若以夫在练服，妇已被服绮纨，饮酒作乐为疑，不悟处有丧者之侧，未有可以服鲜华恣娱者。邻人有丧，舂犹不相，况妇之于夫欤？处父、祖之丧者，子则斩衰三年，孙则齐衰期。何不曰其子在练服，其孙可被服绮纨饮酒作乐耶？此可推例以解其惑者也。唐李涪称妇为舅姑除服后，门庭尚素服青縑衣，以俟夫之终丧。盖自古相承如此，縑即今纺绸，乃缦缯无文者，与绮之有文者异。仁浦起刀笔吏，遂有夫居苫块妇被绮纨之难，且其时夫已小祥，舍于外寝矣，安得尚寝苫枕块耶？亦由刀笔吏不知丧服有变除也。

明《孝慈录》所失者三事

为父斩衰三年，为母齐衰三年，此丧纪之正而服术之至文也。生民之说，系于父不系于母，故服制亦殊。虽然，齐衰正服五升，义服六升，而为母服则四升，其夫斩衰三升，相校而成，于至亲之恩，非不笃也。继母、慈母服皆如母，而于服术，谓之加服衰裳五升，明恩不如母。明制为母服亦斩衰，于是齐衰三年之服遂绝，此为不知服术者。

《礼经》载三殇之服，条目至详，至明而殇服尽废。是于幼稚为无恩，且为成人服大功小功皆有受，而为殇服则无受。《传》曰："丧成人者其文缛，丧未成人者其文不缛。"夫文之不缛者，由其哀之未杀，昔人于男女未冠笄者，隐之如此，今一旦尽芟薙之，斯亦不仁甚矣，且无殇不得为完服也。

齐衰杖期之服，十五月始除，视不杖期者为淹久。《礼经》所著，独"父在为母，出妻之子为母，父卒继母嫁从为之服，及为妻"四事。母妻皆至亲，继母不与因母同亲，而得与为比者，以从嫁则抚育不衰故。《传》所谓"贵终也"，然且为之报服，视之若此重也。非此四者，虽至尊如祖父母，同气如昆弟，只齐衰不杖期耳。为庶母服，礼不过缌。明祖以昵孙贵妃，故增庶母服至齐衰杖期，乃令庶母之尊亲，过于祖父母，斯于比例大缪者也。且为庶母已为齐衰杖期，为庶母慈己者将何以加异服乎？不得已乃通谓之慈母。此又乱其名实者也。

《清通礼》所失者一事

《礼经》："为人后者为其父母齐衰不杖期。"《传》曰："何以期也？不贰斩也。"至为祖父母以上，《礼经》与累代之礼皆无文，盖如其本服尔。例以女子子为祖父母，不论在室适人，皆齐衰期。《传》

曰："何以期也？不敢降其祖也。"此制乃历代所不异者。盖斩不可贰，而齐衰期非不可贰。女子子适人者为其祖父母然，则为人后者为其祖父母亦然，且为其父母降服者，齐衰四升，为其祖父母不降者，依正服齐衰五升。虽同为齐衰期，其麻固已异矣。《清通礼》："为人后者为祖父母大功，为曾祖父母小功，为高祖父母缌。"不悟《丧服传》云："小功者，兄弟之服。"不敢以兄弟之服服至尊。今虽出为人后，其于本生祖父母以上，犹至尊也。出为人后，有在五世以外者，如视本生为旁尊，即应无服，今既不以远近为异，视为至尊甚明。为祖父母大功，则不得不为曾祖父母小功，乃以兄弟之服服至尊矣。此甚违于《丧服》之原则者也。

如上五谬，三家所有，而《开元礼》所无，故《开元礼》虽未能事事精整，犹可依以施行。乃如"父在为母齐衰三年，为曾祖齐衰五月"，前者未必，亦不厌于人情，后者又非在绝不可增之例。为舅小功违于"外亲皆缌"之义，然《礼经》为从母已至小功，以此推例可也。嫂叔有服，虽违古制，准以"同爨为缌"之例，推而行之亦可也。惟舅之妻不得称母，而玄宗手敕为舅母缌麻，此《开元礼》撰定在前，故未审改，然《通典》所载《开元礼》无此条。国官为国君斩衰，既葬除之，此为今世所无，乃当从事实而删者。自此以外，悉依《开元礼》为定。上视《礼经》诚犹瑾瑜之匿微瑕，下视三家，可谓玉之章章，胜于珉之雕雕者远矣。

《孝经》《大学》《儒行》《丧服》余论
（一九三三年）

前讲《孝经》《大学》《儒行》《丧服》诸书，尚有不尽之意，今申言之。凡读《孝经》，须参考《大戴礼·王言》篇，盖二书并是孔子对曾子之言。《孝经》言修身，不及政治；《王言》篇专言政治，其云七教可以守国，三至可以征伐，皆是为政之道。《孝经》千九百字，《王言》篇千三百字。《王言》为《大戴礼》之一篇。《孝经》列学官，别为一经，故单行耳。吾谓《孝经》一书，虽不言政治，而其精微处，亦归及政治。《大学》"上老老"一章，其旨在能守国。《王言》篇云："闻三至用贤才而后可以征伐。"今无《王言》一篇，无以羽翼《孝经》矣。今人言"有体有用"，古人言"内圣外王"。《孝经》《王言》二书，可以尽斯旨矣。前讲为人之道，故专论《孝经》，今讲应世之道，故并及之。

读《大学》不过得其纲领而已。《学记》所言何以为学，何以为教，言之甚详。宋儒重《大学》，不重《学记》，意谓《学记》一书无深奥之义，不过是教人之道。我谓不读《学记》，无以为教，抑无以为学也。

宋儒以《儒行》言刚勇，多夸大之语，如"鸷虫攫搏，卞庄子之勇也"，孔子亦采之，意谓此篇非孔子所作。不知《大学》亦以"知、仁、勇"三者并言之。

陆九渊像

前讲《丧服》，可据《仪礼·丧服》篇及《开元礼》二书为定例。杜佑《通典》载《开元礼》颇备，又溯唐以前之沿革亦详。吾谓学有根柢者，于《通典》一书，不可不读。清曾国藩推重马端临《文献通考》，实则《通考》远不逮《通典》。《通考》偏于治人，《通典》则长于修己。《通典》论礼居多，盖修己治人兼备矣。

南北朝之世，五胡十六国，纷争扰攘，论政治，上不逮汉，下不如唐，然六朝官吏绝少称臣异族者，不似两宋以还，不难北面而事外夷也。

六朝人重礼教与孝行。《南史》所称孝行，多至毁瘠，其于《丧服》不敢妄议，稍犯清议，终身不能入仕版。宋儒言理学者甚多，而有孝行者，反不若六朝之众，其于《丧服》，亦勉强从事，又不如六朝之谨严。盖学问根柢，远逊六朝人之渊博耳。

今不为腐儒之论，能修己则事尽善矣。所谓修己者，非但一人之修己而已，为政者能人人修己，国斯治矣。《大学》言修齐治平，不言权术。历代史册所载政治，亦不言权术。吾谓古儒者未尝无权术，但不外见耳。太史公以伊尹、太公、管仲之流，归诸道家，道家非不用权术，但不用诈术。《大学》言诚意，似不为权谋，而结尾有云："此为国，不以利为利，以义为利也。"为利非权术乎？但所言利，为国不为己，此本末一贯而义法不同。宋儒言尧、舜、禹、汤不用术，而后王用术，此真腐儒之论，我未敢信。

孟子轻管仲，而于管仲之权术，未尝不重之，但不明言耳。孟子对齐宣王"好色""好货"之问，即袭取管子之言。又其对梁惠王问何以利吾国，似不言利，不为权术，而末云："未有仁而遗其亲者也，未有义而后其君者也。"非权术乎？谓孟子而无术，吾亦不信。

董仲舒云："正其谊不谋其利，明其道不计其功。"宋儒服膺此二语，不知董生此言，对江都王而发，董生本意，非必如此。

孟子言伯夷、太公为二老，天下之子归其父焉。萧何言"养贤致民，以图天下"，二语正相似。以子言观之，文王之心，与萧何一也。为国谋政，以一国为己任，焉能不谋利计功？若偏于一端，则如宋儒之学，施于政事，便少成功。此正《孟子》所谓"徒善不足以为政也"。

《儒行》言人事，《大学》言修齐治平之道，具在篇中，吾故表而出之。

《儒行》一篇，多言气节之士，有勇者居多。今人或言专尚气节，亦不足为国。此言似是而实非。一国中但有一二人尚气节，于政治何裨乎！

东汉时重《儒行》，故尚气节，东汉内政不修，而外侮不至，一西羌为患，卒为汉灭。曹、刘、孙三国分立，亦无外患，三国人亦多尚气节故也。晋尚清谈，不尚气节，而五胡乱华矣。南宋时，如胡铨辈高唱主战，然一二人何裨于治，或乃讥为虚骄之气。故谋立国者，务尚气节，非但一人有气节，须人人有气节。范文正有气节有计谋之人，国不重用，何也？尚气节之风不能普遍故也。如清梁鼎芬之流，借高言以沽名钓誉，欺人适以自欺耳。

宋时有气节者，非特范文正一人而已。文正有气节有计谋，欧阳修有气节而无计谋，韩琦气节不如文正，且无计谋。故韩、范同征西夏，范胜而韩败，盖韩不如范矣。文正部属有尹洙者，亦有气节有计谋之人，以官卑不获重用。文正有才具而无辅佐，其不能成大功宜也。今我国人数四万万，假令有气节者得百之一，亦足以御外侮矣。

古人尚气节，吾观《儒行》篇，不独尚气节，亦尚勇力。古用刀矛，非勇力不能胜。今用枪炮，不须有大勇力，然不耐劳苦，枪炮虽精，亦复何用？东三省之兵械，全国之精锐也，一旦寇至而三省瓦解，此非明证欤？

古人于《儒行》，虽尚勇力，必为辞以遏之，惧其滋暴乱也。孔子答子路："仁者必有勇，勇者不必有仁。"吾谓后世未必然。项王为人，暴戾恣睢，力能扛鼎，然见兵士疾病，则涕泣不食，非勇而有仁乎？汉代游侠之流，亦皆暴戾恣睢。太史公《序》游侠传云："缓急人之所时有也。"今有人绝无勇气，见人患难疾苦，如未之见，惟恐不利于我。此孔、孟所以痛恨乡愿，谓其"居之似忠信；行之似廉洁，不仁不勇，乡愿近之。"

古人尚勇，以"知、仁、勇"三字并言。孔子非不勇也，《春秋》《淮南子》俱云："孔子力能招训翘。国门之关，而不以力闻。"孔子之勇，盖不形诸外貌耳。《孟子》言孟施舍、北宫黝之勇以及于己，孟子亦非不勇也。孔子曰："君子有勇而无义为乱，小人有勇而无义为盗。"此一时之言，非定论也。子路好勇，孔子嘉之，故《论语·先进》篇以政事之才，归诸子路。

孟子言孟献子有友五人。《国语》："孟献子有壮士五人。"《春秋传》："鲁从晋伐偪阳，狄虒弥、秦堇父、邹人纥三人，皆有勇之士。"《传》言孟氏之臣秦堇父，则秦为孟氏五友之一矣。《传》言献子称狄虒弥有力如虎，疑狄亦孟氏之臣。惟邹人纥不可知。古时尚勇，亦可概见。吾疑"仁者不必勇"一语，当是宋儒妄谈，未可依据。今试举二人为例。《晋书》有戴渊、周处二传。戴渊一盗耳，陆机适楚，渊劫之，机说渊折节读书；周处斩蛟刺虎，后亦改行从善。勇者岂无仁乎？明末言理学，专拾宋儒牙慧，不能救国。清颜习斋出，不为谈天说性之妄言。清初有气节者，颜氏一人而已。厥后颜氏一派，推为学宗，惜仅及北方一隅，宗者绝少，为可憾耳。

今言理学各派：清以前分程、朱、陆、王四宗；清以颜习斋、李刚主为一派，彭尺木、罗台山为一派，皆与程、朱、陆、王不同。彭、罗所言，间有可取，无裨大用。颜、李则与《儒行》相类，可以东汉儒人喻之。《周礼》言六德、六行、六艺，六艺有射、御，即尚气节与勇力也，惟颜氏能之。今言《儒行》，取法乎上。颜、李可无述矣。

今讲《丧服》，非为空谈，须求实行。苏州礼教风俗，尚未大坏。

我观镇江、浙省一带，父母丧而子婚者，虽世家亦有之，自汉至宋，三年之丧无娶妻者。明宪、武二宗即位未及一年，即行大婚，上行下效，自所不免。吾恐不能三年之丧，当自明始。今法虽无明文，然居丧娶妻，习非成是。愿苏士大夫，倡导改革，小民自化矣。

原　经

古之为政者，必本于天。殽以降命，命降于社之谓殽地，降于祖庙之谓仁义，降于山川之谓兴作，降于五祀之谓制度。故诸教令符号谓之经。

輓世有章学诚，以经皆官书，不宜以庶士僭拟，故深非杨雄、王通。案：《吴语》称"挟经秉枹"，兵书为经。《论衡·谢短》曰"五经题篇，皆以事义别之，至礼与律独经也"，法律为经。《管子》书有经言、区言，教令为经。说为官书诚当。然《律历志》序庖牺以来，帝王代禅，号曰《世经》。辨疆域者有图经，挚虞以作《畿服经》也。见《隋书·经籍志》。经之名广矣。

仲尼作《孝经》，汉《七略》始傅六艺。其始则师友雠对之辞，不在邦典。《墨子》有《经》上、下，《贾谊书》有《容经》，韩非为《内储》《外储》，先次凡目，亦楬署经名。老子书至汉世，邻氏复次为经传。孙卿引《道经》曰"人心之危，道心之微"，《道经》亦不在六籍中。此则名实固有施易，世异变而人殊化，非徒方书称经云尔。

学诚以为六经皆史，史者固不可私作。然陈寿、习凿齿、臧荣绪、范晔诸家，名不在史官，或已去职，皆为前修作年历纪传。陈寿在晋为著作郎，著作郎本史官，然成书在去官后，故寿卒后乃就家写其书。又寿于《高贵乡公、陈留王传》中三书司马炎，一书抚军大将军、新昌乡侯炎，一书晋太子炎，武帝见在，而斥其名，岂官书之体也？其书间为晋讳，称韦昭曰韦曜，而蜀之昭烈、吴之张昭，及与韦昭同述《吴书》之周昭,又不为讳,是又非官书之式也。寿又尝作《古国志》五十篇,《三国志》盖亦其类耳。太史公虽废为埽除隶,《史记》未就,不以去官辍其述作。班固初草创《汉书》,未为兰台令史也。人告固私改作国史,有诏收固,弟超驰诣阙上书,乃召诣校书部,终成前所著书。令固无累继之祸,成书家巷,可得议耶?且固本循父彪所述,彪为徐令病免,既纂后篇,不就而卒。假令彪书竟成,敷文华以纬国典,虽私作何所訾也?陆贾为《楚汉春秋》,名拟素王。新汲令王隆为《小学汉官篇》,依拟《周礼》,以知旧制仪品。孔衍又次《汉、魏尚书》。世儒《书仪》《家礼》诸篇,亦悉规摹《士礼》,此皆不在官守,而著书与六艺同流,不为僭拟。诸妄称者若《东观汉记》署大史官,虽奉诏犹当绝矣。《文选·西征赋》注引《东观汉记》大史官曰:"票骇蓬转,因遇际会。"又大史曰:"忠臣毕力。"《三国名臣序赞》注引《东观汉记》大史官曰:"耿况、彭宠俱遭际会,顺时承风,列为蕃辅,忠孝之策,千载一遇也。"是其论赞亦称大史。然后汉大史已不主记载,汉记实非大史所为,署之为妄。

且夫治历明时,羲和之官也。关石和钧,大师之所秉也。故周公作《周髀算经》,张苍以计相定章程而次《九章算术》。然后人亦自为律历、筹算之书,以讥王官失纪。《明堂》《月令》,授时之典,民无得奸焉,而崔寔亦为《四民月令》。古之书名,掌之行人、保氏,故史籀在官则为之,李斯、胡毋敬在官则为之。及汉有《凡将》《训纂》,即非王官之职。许叔重论撰《说文解字》,自尔有吕忱、顾野王诸家,诗续不绝,世无咎其僭拟者。吴景帝、唐天后位在考文,而造作异形,不合六书,适为世所鄙笑,今《康熙字典》依是也。古之姓氏,掌之司商,其后有《世本》。然今人亦自为谍录,林宝承诏作《元和姓纂》,言不雅驯,见驳于邓名世。以是比况,古之作者,创制而已。后生依其式法条例则是,畔其式法条例则非,不在公私也。王通作《元经》,匪其简陋,与逢迎索虏,斯侻已。谓不在史官不得作,陆贾为《楚汉春秋》,孙盛为《晋阳秋》,习凿齿为《汉晋春秋》,何因不在诛绝之科?学诚驳汪琬说,云布衣得为人作传,既自倍其官守之文,又甚裁抑王通,准其条法,仲尼则国老耳,已去司寇,出奔被征,非有一命之位,儋石之禄,其作《春秋》,亦僭也。杨雄作《大玄》拟《易》,儒者比于吴楚僭王,谓其非圣人,不谓私作有诛也。雄复作《乐》四篇,见《艺文志》。是时阳成子长亦为《乐经》,见《论衡·超奇篇》。儒者不讥,独讥《大玄》,已过矣。

《易》之为书,广大悉备。然常用止于别蓍布卦。《春官》"大卜掌三兆之法,一曰玉兆,二曰瓦兆,三曰原兆。其经兆之体,皆百有二十,其颂皆千有二百,掌三易之法,一曰《连山》,二曰《归藏》,三曰《周易》,其经卦皆八,其别皆六十有四。掌三梦之法,一曰致梦,二曰觭梦,三曰咸陟。其经运十,其别九十"。仲尼赞《易》而《易》独贵,其在旧法世传之史,则筮书与卜梦等夷。《数术略》蓍龟家有《龟书》《夏龟》《南龟书》《巨龟》《杂龟》,杂占家有《黄帝长柳占梦》《甘德长柳占梦》,书皆别出,虽《易》亦然。是故《六艺略》有《易经》十二篇,《数术略》蓍龟家复有《周易》三十八卷。此为周世既有两《易》,犹《逸周书》七十一篇别在《尚书》外也。《左氏》说秦伯伐晋,筮卦遇《蛊》,曰千乘三去,三去之余,获其雄狐。成季将生,筮遇《大有》之《乾》,曰同复于父,敬如君所。说者或云是《连山》《归藏》,或云筮者之辞,寻《连山》《归藏》卦名,或异《周易》,筮者占卦,其语当指切事情,知皆非也。宜在三十八卷中。盖《易》者务以占事知来,惟变所适,不为典要,故周世既有二家驳文,韩宣子观书于大史氏,见《易》象与《鲁春秋》,曰《周礼》尽在鲁矣。

尚考九流之学,其根极悉在有司,而《易》亦掌之大卜,同为周礼,然非礼器、制度、符节、玺印、幡信之属,不可刊者,故周时《易》有二种,与

《连山》《归藏》而四。及汉杨雄，犹得摹略为之。是亦依则古初，不惉于素。学诚必以公私相格，是九流悉当燔烧，何独《大玄》也？《晋书·束皙传》言汲郡人不准盗发魏襄王墓，得《易经》二篇，与《周易》上下经同，《易繇阴阳卦》二篇，与《周易》略同，繇辞则异，《卦下经》一篇，似《说卦》而异。《易繇阴阳卦》者，亦三十八卷之伦。以是知姬姓未亡，五步未改，而《周易》已分析为数种。姚际恒不晓《周易》有异，乃云魏文侯最好古，魏家无《十翼》，明《十翼》非仲尼作。然则《易繇阴阳卦》者，顾仲尼所为三绝韦编以求寡过者耶？凡说古艺文者，不观会通，不参始末，专以私意揣量，随情取舍，上者为章学诚，下者为姚际恒，疑误后生多矣。

自《大玄》推而极之，至于他书，其类例悉准是。外有经方相人形法之属。至于释道，其题号皆曰经，学诚所不讥，诚格以官书之律。释者有修多罗，传自异域，与诸夏异统，不足论。道士者，亦中国之民，何遽自恣？而老子又非道士所从出，不能以想余之注、奸令之条文致也。《经典释文》：《老子想余注》二卷，不详何人。一云张鲁，或云刘表。《典略》曰：妖贼张修，使人为奸令祭酒，祭酒主以《老子》五千文使都习，号为奸令，为鬼吏，主为病者请祷。此道士托名老子最先者也。观《论衡·道虚篇》，言世或以为老子之道可以度世，则俗论已有是言。仲长统云"安神闺房，思老氏之玄虚；呼吸精和，求至人之仿佛"，似汉末儒者亦以老子附会房中神仙之术。然《七略》道家与神仙、房中绝非一类。韩非《解老》《喻老》更可证明。至《论衡·道虚篇》三称道家，皆指服食不死者，言则名号已混乱矣。本出史官，与儒者非异教，故其徒庄周犹儒服。见《庄子·说剑》篇。儒家称经即悖，而道家称经即无悖，墨子、韩子准此。何其自相伐也？

章炳麟曰：老聃、仲尼而上，学皆在官；老聃、仲尼而下，学皆在家人。正今之世，封建已绝矣，周秦之法已朽蠹矣，犹欲拘牵格令，以吏为师，以宦于大夫为学，一日欲修方志以接衣食，则言家传可作，援其律于东方、管辂诸传，其书乃远在杨雄后。旧目《七略》，今目四部，自为《校雠通义》，又与四库官书龃龉，既薄宋儒，又言诵六艺为遵王制。时制五经在学官者，《易》《诗》《书》皆取宋儒传注，则宋儒亦不可非。诸此条例，所谓作法自弊者也。

问者曰："经不悉官书，今世说今文者，以六经为孔子作，岂不然哉？"应之曰：经不悉官书，官书亦不悉称经。《史籀篇》《世本》之属。《易》《诗》《书》《礼》《乐》《春秋》者，本官书，又得经名。孔子曰"述而不作，信而好古"，明其亡变改。其次《春秋》以《鲁史记》为本，犹冯依左丘明。左丘明者，鲁大史。见《艺文志》。然则圣不空作，因当官之文。《春秋》《孝经》，名实固殊焉。《春秋》称经，从本名；《孝经》称经，从施易之名。孟子曰："王者之迹息而《诗》亡，《诗》亡然后《春秋》作。"迹息者，谓《小雅》废；《诗》亡者，谓正雅、正风不作。见《说大正小正》。《诗序》曰："文武以《天保》以上治内，《采薇》以下治外。""《六月》者，宣王北伐。"《小雅》之变，自此始也。其《序》通言正雅二十二篇废而王道缺，终之曰：《小雅》尽废则四夷交侵，中国微矣。国史之有编年，宜自此始。故大史公录《十二诸侯年表》，始于共和，明前此无编年书。《墨子·明鬼》篇引周、燕、齐、宋四国《春秋》三事，皆在隐、桓以下，《周春秋》乃记杜伯射宣王事，宣王以上，欲明鬼，其征独有《诗》《书》。明始作《春秋》者，为宣王大史。盖大篆布而《春秋》作，五十凡例，尹吉甫、史籀之成式，非周公著也。晋羊舌肸习于《春秋》，则为《乘》，楚士亹教大子《春秋》，则为《梼杌》。孟子曰："晋之《乘》，楚之《梼杌》，鲁之《春秋》，一也。"惑者不睹论纂之科，不铨主客。文辞义理，此也；典章行事，彼也。一得造，一不得造。今以仲尼受天命为素王，变易旧常，虚设事状，以为后世制法，且言《左氏》与迁、固皆史传，而《春秋》为经，经与史异。刘逢禄、王闿运、皮锡瑞皆同此说。盖素王者，其名见于《庄子》，《天下》篇。责实有三：伊尹陈九主素王之法，守府者为素王；《庄子》道玄圣素王，无其位而德可比于王者；大史公为素王眇论，多道货殖，其《货殖列传》已著素封，无其位，有其富厚崇高，小者比封君，大者拟天子。此三素王之辨也。仲尼称素王者，自后生号之。王充以桓谭为素丞相，非谭生时以此题署。顾言端门受命，为汉制法，循是以言，桓谭之为《新论》，则为魏制法乎？《春秋》二百四十二年之事，不足尽人事蓄变，典章亦非具举之，即欲为汉制法，当自作一通书，若贾生之草具仪法者。后世王冕、黄宗羲之徒亦尝为此。今以不尽之事，寄不明之典，言事则害典，言典则害事，令人若射覆探钩，卒不得其翔实。故有公羊、穀梁、驺、夹之《传》，为说各异，是则为汉制惑，非制法也。言《春秋》者，载其行事，宪章文武，下遵时王，惩恶而劝善，有之矣，法制何与焉？

经与史自为部，始晋荀勖为《中经簿》，以甲乙丙丁差次，非旧法。《七略》，《太史公》书在《春秋》家，其后东观、仁寿阁诸校书者，若班固、傅毅之伦，未有变革，迄汉世依以第录。虽今文诸大师，未有经史异部之录也。今以《春秋经》不为史，自俗儒言之即可，刘逢禄、王闿运、皮锡瑞之徒，方将规摹皇汉，高世比德于十四博士，而局促于荀勖之见。荀勖分四部，本已陵杂，丙部录《史记》，又以《皇览》与之同次，无友纪，不足以法，后生如王俭犹规其过。据《隋书·经籍志》：王俭撰《七志》，一曰《经典志》，纪六艺、小学、史记、杂传；二曰《诸子志》，纪今古诸子；三曰《文翰志》，纪诗赋；四曰《军书志》，纪兵书；五曰《阴阳志》，纪阴阳、图纬；六曰《术艺志》，纪方技；七曰《图谱志》，纪地域及图书。其道佛附见，合九条。然则《七志》本同《七略》，但增《图谱》、道、佛耳。其以六艺、小学、史记、杂传同名为《经典志》，而出图纬，使入《阴阳》，卓哉！二刘以后，一

司马迁像

人而已。今陈荀勖之法于石渠、白虎诸老之前，非直古文师诮之，唯今文师亦安得闻是语乎？今文家所贵者，家法也。博士固不知有经史之分，则分经史者，与家法不相应。夫《春秋》之为志也，董仲舒说之，以为上明三王之道，下辩人事之纪，万物之散聚，皆在《春秋》。然大史公自叙其书，亦曰："厥协六经异传，整齐百家异语，俟后世圣人君子。"班固亦云："凡《汉书》，穷人理，该万方，纬六经，缀道纲，总百氏，赞篇章。"其自美何以异《春秋》？《春秋》有义例，其文微婉。迁、固亦非无义例也。迁、陈寿微婉志晦之辞尤多，大山、梁父崇卑虽异哉，其类一矣。

然《春秋》所以独贵者，自仲尼以上，《尚书》则阔略无年次，百国《春秋》之志复散乱不循凡例。又亦臧之故府，不下庶人，国亡则人与事偕绝。大史公云"《史记》独臧周室，以故灭"，此其效也。是故本之吉甫、史籀，纪岁时月日，以更《尚书》，传之其人，令与《诗》《书》《礼》《乐》等治，以异百国《春秋》，然后东周之事粲然著明。令仲尼不次《春秋》，今虽欲观定、哀之世，求五伯之迹，尚荒忽如草昧。夫发金匮之臧，被之萌庶，令人人不忘前王，自仲尼、左丘明始。且仓颉徒造字耳，百官以治，万民以察，后嗣犹蒙其泽。况于年历晻昧，行事不彰，独有一人抽而示之，以诒后嗣，令迁、固得持续其迹，讫于今兹，则耳孙小子，耿耿不能忘先代，然后民无携志，国有与立，实仲尼、左丘明之赐。故《春秋》者，可以封岱宗，配无极。今异《春秋》于史，是犹异仓颉于史籀、李斯，只见惑也。

晚年章太炎

盖生放勋、重华之世者，不知帝力所以厚，生而策肥马、乘坚车者，亦不识先人作苦。今中国史传连薮，百姓与知，以为记事不足重轻，为是没丘明之劳，谓仲尼不专记录。借生印度、波斯之原，自知建国长久，文教浸淫，而故记不传，无以褒大前哲，然后发愤于宝书，哀思于国命矣。余数见印度人言其旧无国史，今欲搜集为书，求杂史短书以为之质，亦不可得，语辄扼腕。彼今文家特未见此尔。

汉世五经家既不逆睹，欲以经术干禄，故言为汉制法，卒其官号、郡县、刑辟之制，本之秦氏。为汉制法者，李斯也，非孔子甚明。近世缀学之士，又推孔子制法迄于百世。法度者，与民变革，古今异宜，虽圣人安得豫制之？《易》称开物成务，彰往察来，孔子亦言百世可知，皆明其大体耳。盖险阻日通，阶级日夷，工巧日繁，礼节日杀，鬼神日远，刑法日宽，法契日明，此在周代，可以豫知后世者也。若夫官号、爵秩、税则、军制之繁，地域广轮、郡县增减之数，孔子安得豫知之？譬如观象，日月星辰之行，虽在数百岁上可以豫知，风雨旱潦之变，非临时测候，不能知也。盖变迁有常者可知，变迁无常者不可知。是故纬候之言，不能傅会孔氏也。《春秋》言治乱虽繁，识治之原，上不如老聃、韩非，下犹不逮仲长统。故曰"《春秋》经世，先王之志，圣人议而不辩"。《庄子·齐物论》语。经犹纪也，三十年为一世，经世犹纪年耳。志即史志之志。世多误解。明其臧往，不晅为后王仪法，《左氏》有议，至于《公羊》而辩。范武子云《公羊》辩而裁。持《繁露》之法以谒韩非、仲长统，必为二子笑矣。夫制法以为汉则隘，以为百世则夸，世欲奇伟尊严孔子，顾不知所以奇伟尊严之者。

章炳麟曰：国之有史久远，则亡灭之难。自秦氏以迄今兹，四夷交侵，王道中绝者数矣，然揾者不敢毁弃旧章，反正又易，借不获济，而愤心时时见于行事，足以待后。故令国性不堕，民自知贵于戎狄，非《春秋》孰维纲？是《春秋》之绩，其什伯于禹耶？禹不治洚水，民则溺，民尽溺即无苗裔，亦无与俱溺者。孔子不布《春秋》，前人往，不能语后人，后人亦无以识前，乍被侵略，则相安于舆台之分。《诗》云："宛其死矣，他人是偷。"此可为流涕长潸者也。然则继魏而后，民且世世左衽而为羯胡鞭挞，其惨甚于一朝之溺。《春秋》之况烝民，比之天地，亡不帱持，岂虚誉哉？何取神怪之说，不征之辞，云为百世制法乎？

又其诬者，或言孔子以上世浑浑无文教，故六经皆孔子臆作，不竟有其事也。即如是，墨翟与孔子异流，时有姗刺，今亦上道尧、舜，称诵《诗》《书》，何哉？三代以往，人事未极，民不知变诈之端，故帝王或以权数罔下。若其节族箸于官府，礼俗通于烝民者，则吏职固有常矣，书契固有行矣，四民固有列矣，宫室固有等矣，械器固有度矣，历数固有法矣，刑罚固有服矣，约剂固有文矣，学校固有师矣，歌舞固有节矣。彼以远西质文之世相拟，远西自希腊始有文教，其萌芽在幽、平间，因推成周以上，中国亦朴陋如麋鹿。此类缪见，自江慎修已然。自有天地以至今日，年历长短，本无可校，而慎修独信彼教纪年，谓去今财五六千岁，因谓唐虞之视开辟，亦如今日之视秦汉。假令彼中记载，录自史官，自相传授，犹或可信，今则录于神教之书，而或上稽他国，他国之数岂无彼教所未闻，安知不有远在其前者？神教之言，本多诬妄，然则管仲所谓七十二君，虽非经典所载，不视神教犹可信乎？夫文教之先后，国异世，州殊岁，不得一剂。若夫印度文教之端，始自吠陀，距今亦四千年，不与希腊同流化。巴比伦、埃及补多之属，琐琐天爱，不足齿录。必欲使一剂者，大食自隋世始有文教。推此以方中国，复可云八代行事，自王劭、牛弘臆为之也？

问者曰：孔子诚不制法，《王制》诸篇，何故与《周礼》异？应

之曰：《周礼》者，成周之典。周世最长，事异则法度变，重以厉王
板荡，纲纪大乱，畴人子弟分散。见《历书》。畴人者，世其父业，汉世谓之
畴官，非专谓治历者。《周礼》虽有凡要，其纤悉在畴人。畴人亡，则不
能举其事，虽欲不变无由。故《左氏》言春秋时制，既不悉应《周
官》。其后天下争于战国，周道益衰，礼家横见当时之法，以为本制。
若《王度记》言天子驾六，则见当时六骧之制也。按：孙卿言六骧，又言
六马仰秣，是当时固有驾六之法。然此事盖起春秋之末，故《说苑·正谏》篇云景公
正昼被发，乘六马御妇人以出正闱。《祭法》言七祀、五祀，则见楚有国殇，
司命之祭也。别有说。又以儒书所说夏殷故事，转相傅丽，讫秦用驺
子五胜命官立度，皆往往取符应。汉初古文家如张苍犹不能脱，况濡
于口说者？汉世古文家，惟《周礼》杜、郑，《诗》毛公，契合法制，又无神怪之
说。郑君笺注，则已凌杂纬候。《春秋》左氏、《易》费氏，本无奇衺，而北平侯已谜
五德，贾侍中亦傅会《公羊》，并宜去短取长者也。荀、郑之《易》，则与引《十翼》
以解经者大异，犹赖王弼匡正其违。《书》孔氏说已不传，太史公、班孟坚书时见大
略，说皆平易。《五行志》中不见古文《尚书》家灾异之说，其他无以明焉。《洪范》
《左氏》，时兼天道，然就之疏通以见当时巫史之说可也，不得以为全经大义所在。刘
子骏推《左氏》日食变怪之事，傅之五行，则后生所不当道也。大氐古文
家借今文以成说者，并宜简汰去之，以复其真。其在今文，《易》京氏，《书》大、小夏侯，《诗》
辕固，《春秋》公羊氏，妖妄之说最多，《鲁诗》《韩诗》虽无其迹，然《异义》言
《诗》齐、鲁、韩，皆谓圣人感天而生，则亦有瑕疵者也。《诗》古文说，毛公最为清
醇，其于"履帝武敏"，不取《释训》敏拇之解，于"上帝是依"，则云依其子孙，斯
其所以独异。《尔雅》本有叔孙通、梁文所增，或毛公所见，尚无此说，亦未可知。而
郑君乃云"天命玄鸟，降而生商"，是感天而生之明文，不悟《诗》非叙事之书，辞气
本多增饰。即如郑言，"惟岳降神，生甫及申"，亦为感岳而生耶？《周语》亦云房后有
爽德，丹朱冯身以仪之，生穆王，此即医家所云梦与鬼交者，适生穆王，当时遂有异

语，岂真谓穆王是丹朱子耶？又《墨子·明鬼下》云：《大雅》曰"文王陟降，在帝左右"，若鬼神无有，则文王既死，彼岂能在帝之左右哉？《毛传》乃易陟降之训曰，言文王升接天，下接人也，此则在帝左右，但谓以道事天，如不离侧耳。毛公之善，非独事应《春秋》，礼应《周典》，其刊落神怪之言，信非三家所能企及矣。《春秋》穀梁氏最雅驯，独惜于礼未善。《王制》之伦亦其次也。惟《士礼》则古今文无大差异。今世言今文者，独不敢说《士礼》，盖条例精密，文皆质言，不容以夸言傅会，亦无通经致用之事，故相与置之矣。故《王制》不应《周礼》，而《繁露》《白虎通义》之伦，复以五行相次，其始由闻见僻陋，其终染于阴阳家言而不能涤。假令《王制》为孔子作者，何缘复有周尺东田之文？若为汉制法邪，爵当有王侯，何故列五等？地当南尽九真，北极朔方，何故局促于三千里？西域已宾，而不为置都护；匈奴可臣，而不为建朝仪，以此知其妄矣。《繁露》诸书，以天道极人事，又下《王制》数等，卒之令人拘牵数术，不尽物宜，营于機祥，恐将泥夫大道。

言六经皆史者，贤于《春秋》制作之论，巧历所不能计也。虽然，史之所记，大者为《春秋》，细者为小说，故《青史子》五十七篇，本古史官记事。贾生引其胎教之道，王后有身，则大师持铜而御户左，大宰持斗而御户右，大卜持蓍龟而御堂下，诸官各以其职御于门内。大子生而泣，则曰声中某律。滋味上某，命云某，然后县弧，然后卜王大子名。是礼之别记也，而录在小说家，《周考》《周纪》《周说》亦次焉。《周说》者，武帝时方士虞初以侍郎为黄车使者，采间里得之。今之方志，其族也。《周官》："诵训，掌道方志以诏观事，道方慝以诏辟忌，以知地俗。""训方氏，掌道四方之政事，与其上下之志，诵四方之传道而观新物。"唐世次《隋·经籍志》者，以是为小说根本。区以为事，《南州异物》《南方草木》，则辨其产；《荆楚岁时》《洛阳伽蓝》，则道其俗；《陈留耆旧》《汝南先贤》则表其人。合以为志，《周纪》之属以方名，故诸杂传、地理之记，宜在小说。仪注者，又青史氏之流。今世所录史部，宜出傅小说者众矣。《周纪》诸书，据偏国行事，不与《国语》同录于《春秋》家者，其事丛碎，非朝廷之务也。且古者封建，王道衰，故方伯自制其区宇。《国语》录周以下齐、晋、楚、吴、越，皆秉方岳之威，制僿共主，郑故寰内诸侯，鲁亦旧为州牧，而僭礼逾等之事多矣。故国别以为史，异于猥蕞小侯。自秦以降，以郡县治民，守令之职不与王者分重，独如《华阳国志》录公孙述、刘备、李势之流，自治一方者，宜在《春秋》。今所谓史部。其他方志、小说之伦，不得以《国语》比。宋世范成大志吴郡，犹知流别。挽世章学诚、洪亮吉之徒，欲以迁、固之书相拟，既为表、志、列传，又且作纪，以录王者诏书，盖不知类。且刘缪为《圣贤本纪》，而子产在其录。本纪非帝者上仪，即府县志宜以长官列纪，何故又推次制诏，一前一却，斯所谓失据者哉？

世人又曰：志者在官之书，府县皆宜用今名。然今府县之志，不上户部，非官书。虽为官书，虞初奉使以采周俗，何故称《周说》，不称《河南说》邪？盖方志与传状异事。传状者，记今人，其里居官位宜从今。方志者，始自商周建国，及秦汉分郡县，以逮近世，二三千年之事，皆在其中，即不可以今名限齐。《传》曰：疆易之事，一彼一此，何常之有？今之府县，因古旧治而疆域迫狭者多矣。然其士女一端可称，虽分在他府县犹入录。若范成大志吴郡，阖闾、夫差之臣及孙氏时为吴郡人者，皆比次入其籍。阖闾、夫差所部，远及江淮，其地不专宋之平江，其臣佐出何乡邑不可校，以系吴故志之。孙氏之臣韦昭本云阳人，云阳于宋不属平江，以系吴郡，故志之。若署为《平江志》者，宜简韦昭之徒，使不得与。为是斟酌古今，以吴郡为之号，宋世府州，皆虚系郡名，如平江府，亦兼称吴郡也。此本专为封号而设，实非地制。《吴郡志》者，据古吴郡，非宋吴郡也。故其人物多出平江以外。然后其无旁溢也。今为府县志者，不旁溢则宜予今名，旁溢则宜予旧名，多爱不忍。士女之籍，从古郡县所部，而题名专系于今，甚无谓也。独旧郡过宽者，名不可用。汉世豫章，包今江西之域；而会稽笼有浙江、福建，延及江南，今为南昌、绍兴志者，宜有省耳。格以官书，谓之《周语》《国志》之伦，其言无状。《秋官·小行人》：自万民之利害而下，物为一书，每国辨异之，以五物反命于王，以周知天下之故。管子曰："《春秋》者，所以记成败也；《行》者，道民之利害也。"《山权数》篇。以其掌之行人，故谓之《行》，犹大史公书称《大史公》。明与《春秋》异流。世人不知其为小说，而以纪传之法相牵，斯已过矣。庄周曰："饰小说以干县令。"今之为方志者，名曰继诵训，其实干县令也。而多自拟以大史、天官，何其忘廉耻之分邪？仪注之书，《礼记》引《赞大行》。《杂记》。行人所书为小说，即《赞大行》亦在小说可知。且诸跪拜禁忌之节，阅岁而或殊，尚又不尽制度挈定。若《汉旧仪》《官仪》所录，八坐丞郎有交礼、解交之节，郎又含鸡舌香，而女侍二人执香炉从之，斯皆繁登降之节，效佞幸之仪，习为恒俗，非礼律所制，然犹以为仪注，斯固不隶礼经，而《青史》小说之流也。

订孔上

日本有远藤隆吉者，自以为习汉事。其言曰：孔子出于支那，则支那之祸本也。夫差第《韶》《武》，制为邦者四代，非一意循旧也。以其卓跞过人，后生自以瞻望弗及，重神其言，革一义若有刑戮，则一意循旧自此始。故更八十世而无进取者，咎亡于孔氏。祸本成，其胙尽矣。略举远藤氏《支那哲学史》。

章炳麟曰：一意循旧者，汉世博士有之，魏、晋以后亡是也。追惟仲尼闻望之隆，则在六籍。六籍者，道、墨所周闻。故墨子称《诗》《书》《春秋》多大史中秘书。而老聃为守藏史，得其本株。异时倚相、苌叔诸公，不降志于删定六艺。墨翟虽博闻，务在神道，珍秘而弗肯宣。继志述事，缵老之绩，而布彰六籍，令人人知前世废兴，中夏所以创业垂统者，孔氏也。遭焚散复出，则关轴自持于孔氏。诸子却走，职矣。

且古者世禄，子就父学，为畴官。后世虽已变更，九流犹称"家"。孟轲言法家拂士，荀卿称家言邪学，百家无所审，小家珍说之所愿皆衰，其遗迹也。宦于大夫，谓之"宦御事师"。《曲礼》"宦学事师"。学亦作御。言仕者又与学同。《说文》："仕，学也。"明不仕则无所受书。周官宾兴万民，以礼、乐、射、御、书、数，六籍不与焉。礼乐亦士庶常行者耳，必无周官之典。尚犹局于乡遂。王畿方百万里，被教者六分一耳。及管子制"五官技"，能为《诗》《易》《春秋》者，予之一马之田，一金之衣。《山权数》。甿庶之识故事者，若此其寡也。管子虽厉学，不遍九服，又令细民以是干小禄、致末秩。其学蓲陋，长见笑于大方之家。

自老聃写书征臧，以诒孔氏，然后竹帛下庶人。六籍既定，诸书复稍出金匮石室间。民以昭苏，不为徒役。九流自此作，世卿自此堕，朝命不擅威于肉食，国史不聚奸于故府。故直诸夏覆亡，虽无与立，而必有与毙也。不曰"贤于尧舜"，岂可得哉？夫神化之道，与时宜之，故五帝不同礼，三王不沿乐。布六籍者，要以识前事，非谓旧章可永循也。汉初古文既不远布，而仲尼名实已高岩矣。诸儒睹秦余敝法，欲有更易，持之未有其故，由是破碎六籍，定以己意，参之天官、历象、五行、神仙诸家，一切假名孔氏，以为魁柄，则六籍为巫书。哀、平之间，《周官》《左氏》始兴，神道渐禩。更二百年，而得黄初。后王所以更制者，未尝不随时经变，何乃无进取哉！

且旧章诚不可与永守，政不骤革，斟酌向今，未有不借资于史。先汉之史，则谁乎？其惟姬周旧典，见于六籍者。故虽言"通经致用"，未害也。迁、固承流，而继事者相次十有余家。法契之变，善败之数，则多矣。犹言"通经致用"，则不与知六籍本意。

章炳麟曰：仲尼，良史也。辅以丘明而次《春秋》，料比百家，若旋机玉斗矣。谈、迁嗣之，后有《七略》。孔子殁，名实足以抗者，汉之刘歆。书布天下，功由仲尼。其后独有刘歆而已。微孔子，则学皆在官，民不知古，乃无定臬。然自秦皇以后，书复不布。汉兴，虽除挟书之禁，建元以还，百家尽黜，民间唯有《五经》、《论语》，犹非师授不能得。自余竟无传者。东平王求《史记》于汉廷，桓谭假《庄子》于班嗣，明其得书之难也。向、歆理校雠之事，书既杀青，复可迻写，而书贾亦赁鬻焉。故后汉之初，王充游洛阳书肆，已见有卖书者。其后邹卿章句之儒，而见《周官》；康成草莱之氓，而窥《史记》；则书之传者，广矣。至梁时，阮孝绪以处士撰《七录》，是为天禄石渠之守，遂于民间也。然以钞撮重烦，犹多室滞。及冯道为镂版之术，而负贩益多矣。《宋史·邢昺传》：景德二年，上问昺："经板几何？"昺曰："国初不及四千，今十余万，经传正义皆具。"则佗书可以例推。由此观之，冯道功亦不细。学之高下，行之衰正，非此所论也。

订孔下

往时定儒家，莫若孟、荀。私以《论语》晻昧，《三朝记》与诸告饬，总纰经记，辞义映如也。下比孟轲，博习故事则贤，而辩察少歉矣。荀卿以积伪俟化治身，以隆礼县群众。道不过三代，以绝殊瑰；法不贰后王，以綮文理。始终以礼穿繏，故科条皆渥然无自戾者。其正名也，与墨子相扶持。有所言缘，先于西来桑门之书。由斯道也，虽百里而民献比肩可也。其视孔子，长幼断可识矣。夫孟、荀道术，皆踊绝孔氏，惟才美弗能与等比，故终身无鲁相之政，三千之化。才与道术本异出，而流俗多视是崇堕之。故仲尼名独尊，其道术固未逮也。

怀是者十余年，中间颇论九流旧闻。上观庄生，为《齐物论释》。又以闲暇，质定老聃、韩非、惠施诸书。方事改革，负继东海，独抱持《春秋》，窥识前圣作史本意，卒未知其道术崇庳也。

以炎、黄、喾、尧之灵，幸而时济，光复旧物。间气相捎，逼于舆台，去食七日，不起于床，歇然叹曰：余其未知羑里、匡人之事！夫不学《春秋》，则不能解辫发，削左衽。不学《易》，则终身不能无大过，而悔吝随之。始玩爻象，重籀《论语》诸书，夥然若有窾者。圣人之道，罩笼群有，不饇以辩智为贤。上观《周易》，物类相召，势数相生，足以彰往察来。审度圣人之所忧患，与其卦序所次时物变迁，上考皇世而不缪，百世以俟后王群盗而不惑。洋洋美德乎！诚非孟、荀之所逮闻也。诸所陈说，列于《论语》者，时地异制，人物异训，不以一型锢铸，所谓大道固似不肖也。

人亦有言：西极之圣，守其一术，强聒而不舍，娄遇而不异辞，大秦三哲以之；东极之圣，退臧于密，外虞机以制辞言，从其品物，因变流形，浮屠、老聃、仲尼、庄周以之。

虞机虽审，权议虽变，岂直无本要哉？道在一贯。持其枢者，忠恕也。躬行莫先，而方迻以为学，则守文者所不省已。心能推度曰恕，周以察物曰忠。故夫闻一以知十，举一隅而以三隅反者，恕之事也。夫彼是之辨，正处正色正味之位，其候度诚未可壹也。守恕者，善比类。诚令比类可以遍知者，是絜矩可以审方圆。物情之纷，非若方圆可以量度也。故用矩者困，而务比类者疑。周以察物，举其征符而辨其骨理者，忠之事也。故疏通知远者恕，文理密察者忠。身观焉忠也？方不障恕也。上者寂然不动，感而遂通天下之故，无有远近幽深，遂知来物。中之方人，用法察迻言也。下者至于原本山川，极命草木，合契比律，审曲面势，莫不依是。以知忠恕于学，犹鸟有两翻，而车之左右轮。学不兼是，菩沛将蔽之，日中而主燡，水沫为谪也。而况于躬行乎？

荀卿盖云："万物莫形而不见，莫见而不论，莫论而失位。"此谓用忠者矣。"坐于室而见四海，处于今而论久远，疏观万物而知其情，参稽治乱而通其度，经纬天地而材官万物，制割大理而宇宙里。"此谓用恕者矣。夫墨子者，辩以经说，主以天志，行以兼爱、尚同。天志、尚同之末，以众暴寡。墨子《兼爱》《天志》诸篇，亦论以众暴寡之非。然既云天志、尚同，设有异天志而殊群众者，不为众之所暴，得乎？物类洮汰，势自然也。惟尽恕，远忠也。荀卿虽解蔽，观其约束，举无以异于墨氏。荀子虽非墨氏，惟其文质异流耳。《墨子·尚同篇》极论一人一义、十人十义、百人百义之非，欲令万民上同天子；天子所是，必是之，天子所非，必非之。荀卿论治，正与相符。

《齐物论释》

　　体忠恕者，独有庄周《齐物》之篇，恢恑谲怪，道通为一。三子之乐蓬艾，虽唐尧不得更焉。兹盖老聃之所流传，儒道所以不相舛牾，夫何晻昧矣哉？《三朝记》小辨，亦言忠恕。《三朝记》：哀公欲学小辨，孔子对以力忠信，云"知忠必知中，知中必知恕，知恕必知外。内思毕心曰知中，中以应实曰知恕，内恕外度曰知外"。此言以忠恕为学，则无所不辨也。周以察物，疑其碎矣。物虽小别，非无会通。内思毕心者，由异而观其同也。其余华泽也。

驳建立孔教议

近世有倡孔教会者，余窃訾其怪妄。宗教至鄙，有太古愚民行之，而后终已不废者，徒以拂俗难行，非故葆爱严重之也。中土素无国教矣，舜敷五教，周布十有二教，皆掌之司徒。其事不在庠序，不与讲诵。是乃有司教令，亦杂与今世社会教育同类，非宗教之科。《易》称圣人以神道设教，斯即盥而不荐，禘之说也。禘之说孔子不知；号曰设教，其实不教也。观《周礼》神仕诸职，皆王官之一守，不以布于民常。逮及衰周，孔、老命世，老子称以道莅天下，其鬼不神；孔子亦不语神怪，未能事鬼。次有庄周、孟轲、孙卿、公孙龙、申不害、韩非之伦，浡尔俱作，皆辩析名理，察于人文，由是妖言止息，民以昭苏。自尔二千年，虽佛法旁入，黄巾接踵，有似于宗教者。佛典本不礼鬼神，其自宗乃以寂定智慧为主，胜义妙论，思入无间。适居印度，故杂以怪迂之谈，而非中土高材所留意。加其断绝婚姻，茹草衣褐，所行近于隐遁，非所以普教齐民。若黄巾道士者，符篆诡诞，左道惑人，明达之士，固不欲少游其藩。由斯以谈，佛非宗教，黄巾则犹日者、卜相之流，为人轻蔑，则中国果未有宗教也。

盖自伏羲、炎、黄，事多隐怪，而偏为后世称颂者，无过田渔衣裳诸业。国民常性，所察在政事日用，所务在工商耕稼。志尽于有生，语绝于无验。人思自尊，而不欲守死事神，以为真宰，此华夏之民，所以为达。视彼佞谀上帝，拜谒法皇，举全国而宗事一尊，且著之典常者，其智愚相去远矣！即有疾疢死亡，祈呼灵保者，祈而不应，则信宿背之，屡转更易，至于十神，譬多张罝罗以待雉兔，尝试为之，无所坚信也。是故智者以达理而洒落，愚者以怀疑而依违，总举夏民，不崇一教。今人猥见耶苏、路德之法，渐入域中，乃欲建树孔教以相抗衡。是犹素无创痍，无故灼以成瘢，乃徒师其鄙劣，而未有以相君也。

古者上丁释菜，止于陈设芬香。至唐世李林甫，始令全国悉以牲牢荐奠，刘禹锡蚩其不学。自尔乐备宫县，居模极殿，宛转近帝制矣。然庙堂寄于学官，对越不过儒士，有司才以岁时致祭，未尝普施闾阎，貤及谣俗。是则孔子者，学校诸生所尊礼，犹匠师之奉鲁班，缝人之奉轩辕，胥吏之奉萧何，各尊其师，思慕反本，本不以神祇灵鬼事之，其魂魄存亡亦不问，又非能遍于兆庶也。夫衣裳庐舍，生民之所以安止；律令文牍，国家不可一日废也。今以世人拜谒孔子，谓孔子为教主，是则轩辕、鲁班、萧何亦居然各为教主矣。若以服用世殊，今制异古，故三君不能擅宗教者，此则民国肇建，制异春秋，土俗习行，用非《士礼》。今且废齐斩之服，除内乱谓亲属相乱。之诛，虽孔子且得名为今之教主乎？侚其侯度，而奉其仪容，则诳耀也；贵其一家，而忘其比类，则偏畸也。进退失据，挟左道，比神事，其不可以垂则甚明。

盖尝论之：孔子之在周末，与夷、惠等夷耳。孟、荀之徒，曷尝不竭情称颂？然皆以为百世之英，人伦之杰，与尧、舜、文、武伯仲，未尝侪之圜丘、清庙之伦也。及燕、齐怪迂之士，兴于东海，说经者多以巫道相糅，故《洪范》，旧志之一篇耳，犹相与抵掌树颊，广为抽绎。伏生开其源，仲舒衍其流，是时适用少君、文成、五利之徒，而仲舒亦以推验火灾，救旱止雨，与之校胜。以经典为巫师豫记之流，而更曲傅《春秋》，云为汉氏制法，以媚人主，而棼政纪。昏主不达，以为孔子果玄帝之子，真人尸解之伦。谶纬蜂起,怪说布彰,曾不须臾,而巫蛊之祸作,则仲舒为之前导也。自尔或以天变灾异,宰相赐死,亲藩废黜,巫道乱法,鬼事干政,尽汉一代,其政事皆兼循神道。夫仲舒之托于孔子,犹宫崇、张道陵之托于老聃,今之倡孔教者,又规摹仲舒而为之矣。彼岂不曰:东鲁之圣,世有常尊,今而废之,则人理绝而纲纪斁耶?此但知孔子当尊,顾不悟其所尊之故,今不指陈,则无以餍人望。

盖孔子所以为中国斗杓者,在制历史,布文籍,振学术,平阶级而已。往者《尚书》百篇,年月阔略,无过因事记录之书,其始末无以猝睹。自孔子作《春秋》,然后纪年有次,事尽首尾,丘明衍传,迁、固承流,史书始粲然大备,矩则相承,仍世似续,令晚世得以识古,后人因以知前。故虽戎羯荐臻,国步倾覆,其人民知怀旧常,得以幡然反正。此其有造于华夏者,功为第一。《周官》所定乡学,事尽六艺,然大礼犹不下庶人。当时政典,掌在天府,其事迹略具于《诗》《书》,师氏以教国子,而齐民不与焉。是故编户小氓,欲观旧事,则固闭而无所从受。故《传》称"宦学事师""宦于大夫"。明不为贵臣仆隶,则无由识其绪余。自孔子观书柱下,述而不作,删定六书,布之民间,然后人知典常,家识图史。其功二也。九流之学,靡不出于王官。守其一术,而不遍览文籍,则学术无以大就。自孔子布文籍,又自赞《周易》,吐《论语》以寄深湛之思,于是大师接踵,宏儒郁兴。虽所见殊途,而提振之功在一。其功三也。春秋以往,官多世卿,其自渔钓、饭牛而兴者,乃适遇王伯之君,乘时间起,平世绝矣。斯岂草野之无贤才?由其不习政书,致远恐泥,不足与世卿竞爽。其一二登用者,率不过技艺之官,皂隶之事也。自孔子布文籍,又养徒三千,与之驰骋七十二国,辨其人民,知其土训,识其政宜,门人余裔,起而干摩,与执政争明。哲人既萎,曾未百年,六国兴而世卿废,民苟怀术,皆有卿相之资。由是阶级荡平,寒素上遂,至于今不废。其功四也。总是四者,孔子于中国,为保民开化之宗,不为教主。世无孔子,宪章不传,学术不振,则国沦戎狄而不复,民陷卑贱而不升,欲以名号加于宇内通达之国,难矣。今之不坏,繄先圣是赖!是乃其所以高于尧、舜、文、武而无算者也!

若夫德行之教,仁义之端,《周官》已布之齐民,列国未尝坠其纲纪。故上有蘧瑗、史鳅之贤,下有沮、溺、荷蓧之德,风被土宇,不肃而成,固不悉自孔子授之。孔氏书亦时称祭典,以纂前志,虽审天鬼之诬,以不欲高世骇俗,则不暇一切粪除,亦犹近世欧洲诸哲,于神教尚有依违。故以德化,则非孔子所专;以宗教,则为孔子所弃。今忘其所以当尊,而以不当尊者奉之,适足以玷阙里之堂,污泰山之迹耳!

谈者或曰:崇孔教者,所以旁慰沙门,使蒙古、西藏无携志。此尤诳世之言,二藩背诞,则强邻间之,给以中国废教,借口其实,非宗教所能驯也。昔张居正之抚蒙古,攻讨惠绥,形格势禁,无所不用。势已宾服,然后以黄教固之耳。今不修攻守之具,而欲以虚言羁致,是犹欲讲《孝经》以服黄巾,必不得矣!就欲以佛法慰藉者,自可不毁兰阇,又非县设孔教以相笼罩也。孔教本非前世所有,则今者固无所废;莫之废,则亦无所建立矣。愚以为学校瞻礼,事在当行;树为宗教,杜智慧之门,乱清宁之纪,其事不便!

论读经有利而无弊

（一九三五年）

　　居今而言读经，鲜不遭浅人之侮，然余敢正告国人曰："于今读经，有千利无一弊也。"兹分三段论之：一、论经学之利；二、论读经无顽固之弊；三、论今日一切顽固之弊，反赖读经以救。

　　一、所谓经学之利者，何也？曰：儒家之学，不外修己、治人，而经籍所载，无一非修己、治人之事。《论语》："兴于诗，立于礼，成于乐。"又："不学诗，无以言；不学礼，无以立。"皆修己之道也。《周易》爻象，大半言修己之道，故孔子称："五十以学《易》，可以无大过。"夫修己之道，古今无二，经籍载之，儒家阐之，时有不同，理无二致。孔子以后，儒分为八，论其归趣，不相乖违。孟、荀二家，论性有别，而祁向攸同。厥后汉儒重行，宋人尚理，或实事求是，或旁参佛、老，要之，不能不以经为本。是故，无论政体如何改易，时代如何不同，而修己之道，则亘古如斯；治人则稍异，古今异宜，习俗不同，不得不斟酌损益，至于尽善。吾人读二十五史（《史记》至《清史稿》），法其可法，戒其可戒，非语语尽可取也。《尚书》《周礼》《春秋》，性质与历史为近，读之亦当如是。夫读史之效，在发扬祖德，巩固国本，不读史则不知前人创业之艰难，后人守成之不易，爱国之心，何由而起？经籍之应入史类而尤重要者，厥维《春秋》。《春秋》三传虽异，而内诸夏外夷狄则一。自有《春秋》，吾国民族之精神乃固，虽亡国有屡，而终能光复旧物，还我河山，此一点爱国心，蟠天际地，旁礴郁积，隐然为一国之主宰，汤火虽烈，赴蹈不辞，是以宋为元灭而朱明起，明为清灭而民国兴。余身预革命，深知民国肇造，革命党人之力，盖亦微矣，其最有力者，实历来潜藏人人胸中反清复明之思想也。盖自明社既屋，亭林、船山诸老倡导于前，晚村、谢山诸公发愤于后，攘夷之说，绵绵不绝，或隐或显，或明或暗，或腾为口说，或著之简册，三百年来，深入人心，民族主义之牢固，几如泰山盘石之不可易，是以辛亥之役，振臂一呼，全国响应，此非收效于内诸夏外夷狄之说而何？方今天方荐瘥，载胥及溺，满洲亡而复起，日人又出其雷霆万钧之力以济之，诸夏阽危，不知胡底，设或经学不废，国性不亡，万一不幸，蹈宋明之覆辙，而民心未死，终有祀夏配天之一日。且今日读经之要，又过往昔，在昔异族文化，低于吾华，故其入主中原，渐为吾化，今则封豕长蛇之逞其毒者，乃千百倍于往日，如我学人，废经不习，忘民族之大闲，则必沦胥以尽，终为奴虏而已矣。有志之士，安得不深长思哉！要之，读经之利有二：一、修己；二、治人。治人之道，虽有取舍，而保持国性实为最要。

二、所谓读经无顽固之弊者，何也？曰：经学本无所谓顽固也。谥经学以顽固，盖出诸空疏不学辈之口，彼略识点画，苦于九经三传之不尽解，而又忝拥皋比，深恐为学子问难所穷，故尽力抹杀，谥以顽固。少年浮躁，利其便己，从而附和，遂至一世波靡，良可愤叹。夫经史本以记朝廷之兴废，政治之得失，善者示以为法，不善者录以为戒，非事事尽可法也。《春秋》褒贬，是非易分，而《尚书》则待人自判，古所谓《书》以道政事者，直举其事，虽元恶大憝所作，不能没也。例如《夏书·五子之歌》，序谓："太康失邦，昆弟五人，须于洛汭，作《五子之歌》。"此文已佚，而伪古文有之，载五子作歌之意，甚见忠正。段玉裁《古文尚书撰异》谓："《尚书》不当以歌名篇，盖五子者，当时之亡国大夫也。"屈原《离骚》："启九辨与九歌兮，夏康娱以自纵；不顾难以图后兮，五子用失乎家巷。"《楚语》："士亹曰：尧有丹朱，舜有商均，启有五观，汤有太甲，文王有管、蔡，是五王者，皆元德也，而有奸子。"韦昭注："五观，启子，太康昆弟也。"观，洛汭之地。据此，则《五子之歌》者，五子往观耳。之，训往；歌、观，声通，故讹也。太康为失国之君，五子为致乱之臣，道太康以畋游者，即此五人，史臣书之，一如《晋书》之纪惠帝与八王耳。又《胤征》，序谓："羲和湎淫，废时乱日，胤往征之，作《胤征》。"《史记·夏本纪》谓："《胤征》，仲康时作。"伪《孔传》言："羿废太康而立其弟仲康。"孔颖达《正义》谓："仲康不能杀羿，必是羿握其权。"然则《胤征》者，羿令之正也。羲和为掌日之官，故后世有后羿射日之说。此事与曹操之灭袁绍、吕布，司马昭之灭诸葛诞无异。《尚书》录之，一如《后汉书》《三国志》之记曹氏、司马氏之事矣。兴废大端，不得不载，岂尽可为法哉？孟子曰："吾于《武成》，取二三策而已矣，以至仁伐至不仁，何其血之流杵也。"《武成》今佚，据《汉书·律历志》所引，文与今《逸周书·世俘解》略同。观其所言，知"武王伐纣，杀人盈亿"。语虽过甚，要之，总不能尽诬，此与后之项羽伐秦何异？秦已无道，而羽之烧宫室、坑降卒、毒螫所及，更甚于秦，此岂可以为训？而史官书之，所以然者，兴废大端，不得不载也。苟有是非之心，不至如不辨菽麦之童昏，读之无有不知抉择者，孟子言之甚明，何谓读经必致顽固哉？

若夫经国利民，自有原则，经典所论政治，关于抽象者，往往千古不磨，一涉具体，则三代法制，不可行于今者自多。即如封建之制，秦、汉而还，久已废除，亦无人议兴复者，惟三国时曹元首作《六代论》，主众建诸侯，以毗辅王室；及清，王船山、王昆绳、李刚主等，亦颇以封建为是，此皆有激而然。曹愤魏世之薄于骨肉，致政归司马；王、李辈则因明社覆亡，无强藩以延一线，故激为是论，若平世则未有主封建者矣。余如陆机《五等论》，精采不属，盖苟炫辞辩，而志不在焉，则不足数已。其次世卿之制，自《公羊》讥议以后，后世无有以为是者。唯晋世贵族用事，盖以九品中正定人材，其弊致于上品无寒门，下品无世族，自然趋入世卿一途，然非有人蓄意主张之也。二千年来，从无以世卿为善，而竭力主张之者，有之，惟唐之李德裕。德裕非进士出身，嫉进士入骨，以为进士起自草茅，行多浮薄，宜用仕宦子弟以代之，此则一人之私念，固未有和之者也。又如肉刑之法，自汉文帝后，亦无人昌言复古，王符、崔寔、仲长统之流，颇主严刑；诸葛武侯治蜀，亦主张严峻；然均未及肉刑也。惟魏之钟繇、陈群，尝议复之，然群制定魏律，终亦不主肉刑，足知一时之论，亦自知其不可行矣。又如井田之制，秦、汉而后，惟王莽一人行之，诏以天下田为王田，禁民间不得卖买，然卒以致乱。若宋时张子厚行之于乡，要为私人之试验，非朝廷之定制。清初，颜、李派之王昆绳、李刚主辈，亦颇有其意。余意王、李辈本以反清为鹄，其所云云，或思借以致乱，造成驱满之机耳。以故满清一代，痛恶主张封建、井田之人。总计三千年来，主张封建、世卿、肉刑、井田者，曹元首、王船山、王昆绳、李刚主、李德裕、钟繇、陈群、王莽、张子厚九人而已。此九人者，除王莽外，或意有偏激，或别含作用，固不可尽斥为顽固，就云顽固，二千年来，亦不过九人而已。此外尚有一事足资讨论者，则什一之税是已。按什一而税，《春秋》三传及《孟子》之书，无不以为善制，《公羊》言什一行而颂声作，《孟子》谓"轻则大貉、小貉，重则大桀、小桀"，以为什一而税，乃税则之中。然汉初什五而税一，文、景减赋，乃三十而税一，自兹以还，依以为准，即今苏、松赋税，最为繁重，然与全国轻税之地平均计算，亦无过三十税一者（其预征田赋至民国五十年之类之非法行为，破坏国家定制，则未可以为例）。故自汉后税法观之，则什一之税，已为大桀、小桀，前代尊信孟子，不敢昌言驳议，多泛泛释之，然亦从无主张是者，有之，惟王莽一人而已，莽亦卒以致乱，后人引以为戒久矣。举此五事，以见古今异宜，凡稍能观察时势者，盖无人不知，何得谓读经即入顽固哉？且自明至清末，五百四十年，应试之士，无不读经者，全国为县千四百余，县有学，府州又有学，为数不下一千六百区，假定每学有生员二百名，以三十年新陈代谢，则此五百四十年中，当有五百四十万读经之人。试问其中主张封建、世卿、肉刑、井田、什一之税者有几人哉？上述九人，生明代以后者，仅三人耳。试问此三人之力，能变易天下之耳目耶？能左右政治之设施耶？况其云云，复各有作用在乎？夫无证验而必之者，非愚即诬。今谓读经为顽固，证于何有？验于何有？且读经而至于顽固，事亦非易，正如僧徒学佛，走入魔道者，固不数数见也，何为因噎废食而豫为之防哉？

三、所谓今日一切顽固之弊，反赖读经以救者，何也？曰：有智识之顽固者，泥古不化之谓也；有情志之顽固者，则在别树阶级，不与齐民同群，声音颜色，拒人于千里之外也。夫智识之顽固易开，而情志之顽固难料，信如是，则今日学校毕业之士，其能免于顽固之消者几希。吾观乡邑子弟，负笈城市，见其物质文明，远胜故乡，归则亲戚故旧，无一可以入目。又上之则入都出洋，视域既广，气矜愈隆，总觉以前所历，无足称道，以前所亲，无足爱慕，惟少数同学可与往还，舍此则举国皆如鸟兽，不可同群，此其别树阶级，拒人千里，非顽固而何？昔日士人，涵泳《诗》《书》，胸次宽博，从无此等现象，何者？"君子忧道不忧贫，士志于道，而耻恶衣恶食者，未足与议"。"衣敝缊袍，与衣狐貉者立而不耻"。（均见《论语》）此等言语，濡染既久，虽慕富贵患贫贱之心不能遽绝，而自有以维系之也。若夫盐商子弟，无过人之才，恃钱刀之力，纳赀入官，小则州县，大则道员，顾盼骄人，俨然自命为官长，此最顽固之甚者，而人之嗤之者众矣。然如此者，为数亦不甚多，非若今之学校，每年必铸造数千百人也。非直如是，今者新奇之说，流为格言，日驱人于顽固而不返者，曰"发展个性也"，曰"打倒偶像也"。发展个性，则所趣止于声、色、货、利，而礼、义、廉、耻，一切可以不顾。打倒偶像者，凡一切有名无形者，皆以偶像观之，若国家，若政治，若法律，若道德，无往而非偶像者，亦无往而不可打倒者。洵若是，则于禽兽奚择焉？世以是乱，国以是危，而种族亦将以是而灭亡矣。今学校之弊，既至如此；而国家岁费钜亿，以育人材，卒造成特殊之盐商子弟，长此以往，宁堪设想？论者不自病其顽固，而反惧经学之致顽固乎？

余以为救之道，舍读经末由。盖即前者所举《论语》三事，已可陶镕百千万人。夫如是，则可以处社会，可以理国家，民族于以立，风气于以正，一切顽固之弊，不革而自袪。此余所以谓有千利无一弊也。质之诸君，以为然耶？否耶？

再释读经之异议

（一九三五年五月）

读经之要，前既详言之矣，而世人复有不明大义，多方非难者。夫正论不彰，异议乃滋，深恐歧说恣行，有误后进，不得已复为此讲。此讲约分三端：

一、驳国家开创之初无须经学，经学兴于衰世，且讲经学者多行为不端之谬。

二、斥胡适以经训不甚了然，谓我们今日还不配读经之鄙。

三、释读经应遵古文乎，今文乎之疑。

今逐条剖析如左：

一、国家开创之初，固自不赖经学，盖开创恃兵，兵略自有专家，非经训所能为力。昔叔孙通背楚归汉，汉王方蒙矢石争天下，通所进者，皆群盗壮士，其徒因窃骂，通曰："诸生宁能斗乎？"（见《史记·叔孙通传》）由此可知士子苟不能执干戈列行伍，自不能与开创之业，非徒经学鲜用，亦正不须用普通大学之讲义也。观民国开创之初，曾用大学讲义否耶？经学本非专为开创国家，其所包含，固甚远大，不应以一端限之。如云开创不用经学，即谓经学无用，然则大学讲义，果有用否耶？草泽英雄与陆军大学生作如此说，尚不足怪，彼身居普通大学而为此言，岂非作法自毙乎？若谓经学之兴，皆在衰世，此亦非实。汉文、景时，国势艾安，虽用黄老，已知命晁错受经于伏生；武帝时，立五经博士，经学大盛，国势亦蒸蒸日上。如云汉武阳用经术，而阴则背之，亦未见其然。汉武制礼作乐，虽属装点门面，然汉自高祖至武帝初年，宰相皆列侯任之，绝无起自民间者，武帝拔公孙弘于布衣之中，一反以前相必列侯之局，弘之为人，虽不能比伊尹、傅说，然规模实胜前相。夫废世卿，举侧陋，安得谓与经术无关，岂可云汉武所为皆伪也！至宣帝时，石渠议礼，经术大兴，而宣帝教子之言，云："汉家自有制度，本以霸、王道杂之。"（见《汉书·元帝纪》）王者周政，儒学之常法；霸者汉律，施行之权宜；宣帝不纯用儒术，然云杂之，则固用其半矣。及元帝柔仁好儒，世以为汉衰之兆，其实元帝时膺惩戎狄，威力尚盛，陈汤斩郅支单于，即在此时。夫国之兴衰有二：一为内政之衰，其果则权臣篡窃；一为国力之衰，其果则异族侵凌。秦用法律，汉用经术，其后皆为本国人所亡，亡者独在嬴氏、刘氏，斯乃一家之索，非全国之衰也。是后唐用经术，国势亦自开张，孔颖达等定《五经正义》，在贞观全盛之时，今有意抹杀，猥谓明皇注《孝经》而唐即中衰，不思明皇注《孝经》，乃偶然之事，较之定《五经正义》，巨细宁止天渊，何以不举前事独举后事耶？且明皇之失国，自由内任权奸，外信蕃将使然，究与注《孝经》何涉？以注《孝经》卜唐之衰，是即《五行志》灾异之说，岂可用哉？宋立学校，在仁宗时，胡安定辈即于是时显名，若宋之衰，则在神宗以后，仁宗时固未衰也。明用五经之士，末世虽时起党争（神宗以前，尚无党争），然东林与非东林之争，其鹄的在政治，不在学术，即不用儒术，政治上之事实具在，当时亦必引起争端。近观民国初载，国会议员之争，亦甚剧烈矣，斯岂因经学致然？然则明之亡，虽由于党争，而党争本无关于经学、儒术也。余详

胡瑗像

察全史，觉提倡经学致国势衰颓，实为子虚乌有之事，不知今之人何所见而云然？至于人之操行，本难一致，无论提倡何种学说，其流有善士，亦必兼有凶人，评议之士，本不应以一人之操行不端，抹杀诸多善良之士。汉重经术，在位之人，固有匡衡、张禹、孔光辈之阘茸无能，然亦有魏相、师丹之守正不阿。今人乃举明末洪承畴、钱谦益事，以归咎经学，无论洪与钱皆无当儒术，即以为儒，亦岂能以一二人之短，掩数十百人之长哉？洪承畴以知兵任用，稍有历史智识者皆知之，不知何所见而称之曰负理学重望也？钱本文人，不事经学，即以钱论，其人自身失节则信矣，而明之亡也，岂钱氏为之哉？况钱之弟子瞿式耜、郑成功等，亡国之后，志节皎然，尚能支持半壁与胡清相抗，何以但论钱氏而遗瞿、郑乎？昔西晋之末，人人皆遗弃六经，务为清谈，致西晋之亡者，王衍之属也，何以又讳而不举耶？总之，经学于开创之初，关系较少，而于光复之关系则深，此意前已明言，若无春秋夷夏之防，宋亡则朱明不能起，明亡则民国不能兴矣。

上所云云，多就消极方面言之，至于积极方面，儒者身居上位而功业卓著者，亦难更仆。约举之：则西汉宣帝时，魏相以明《周易》显闻，卒能废黜霍氏，致中兴之盛；哀帝时，师丹虽无大效，然守正自持，四方瞻仰；后汉袁安，始则平反禁狱，后则力抗窦氏，为世所称，其后杨震、杨秉、杨赐，三世立朝，皆称清正，震尝有关西夫子之目；安帝以后，外戚宦官，更互用事，其能独立不倚，使正人犹有所恃者，非杨氏三世之力乎？三国时魏、蜀任法，吴独任儒，顾雍德量，殊绝于人；陆逊反对先刑后礼，武功卓著而外，亦以相业见称；此后南北纷争，无足称述；至唐，魏征以儒家佐太宗成太平之业，观征所著书，《群书治要》而外，因《小戴礼》综集不伦，更作《类礼》二十篇，盖纯乎其为经术之士也。尝侍宴，太宗奏破阵武德舞，征俯首不顾，至庆善舞，则谛玩无斁。又，太宗宴群臣积翠池，酣乐赋诗，征赋西汉，其卒章曰："终藉叔孙礼，方知皇帝尊。"太宗曰："征言未尝不约我以礼。"（均见其《唐书》本传）其以儒术致太平，厥功最伟。其后则有杨绾，以清德化俗；郭子仪在邠州行营，方大会，闻绾除平章事，即散音乐五之四，其他闻风而靡者，不可胜纪（见《唐书》本传），惜为相数月即卒，致有"天不使朕致太平"之叹。其后陆贽亦以儒术相德宗，所传奏议，人称"唐孟子"。德宗两度蒙尘，如无陆贽为之斡旋，恐已覆于朱泚、李怀光之手矣。其次，复有一人，勋业虽不逮上列诸公，而支持残败，不为无功，则郑覃是也。覃相文宗，以经术治国（唐石经即覃所立）。甘露之变，仇士良尽诛宰相，覃起继之，士良不致大为患者，覃之力也。若宋时赵普以半部《论语》治天下，语或欺人，可以不论，而李沆为相，常读《论语》，或问之，沆曰："沆为宰相，如《论语》中节用爱人，使民以时，尚未能行，圣人之言，终身诵之可也。"（见《宋史》本传）宋初之治，李沆之力最多，沆所行为曹参为近，人或上书言事，沆多罢之，然参本黄老，沆本《论语》，则所宗稍异矣。李沆之后，则有范文正仲淹，文正以气节开理学之先，才兼文武，尚未能终其用，其所奖拔之富弼，亦于外交有力。其后温公司马光出，本经学儒术，为时名相，惜居位日浅，不及一年而卒，未能大展其学。至明，相之贤者，首推三杨，然皆文士，无关儒术。孝宗时，刘健与徐溥、李东阳并称贤相，而健功更高，孝宗一代之治，健之力为多。其后徐阶以王学绪余，卒覆分宜，取嘉靖四十余年之苛政，一切改从宽大，人有中兴之颂。后之论者，虽归功张居正，实则徐阶导其先路，况居正又徐阶所引进者耶？以上历举深明经义通达儒术之贤相十有八人：西汉则魏相、师丹，东汉则袁安、杨震、杨秉、杨赐，吴则顾雍、陆逊，唐则魏征、杨绾、陆贽、郑覃，宋则李沆、范仲淹、富弼、司马光，明则刘健、徐阶。此十八相者，天才有高下，际遇有盛衰，在位有久暂，然每一人出，必有一人之功用。其功烈最伟，尤足称道者：致太平，则魏征、李沆、刘健；拨乱除佞，则魏相、徐阶；支持残败，则陆贽、郑覃、司马光。岂得谓明经术者皆无用哉？此外，不在相位而立大功者，则有魏之吴起，晋之杜预，明之刘基、王守仁、唐顺之等。吴起受业曾子，又传《左氏春秋》，虽行义未醇，而政治兵事皆为魁杰，惜所辅非一统之主，遇谗被杀，卒未大显。杜预专法《春秋》，人称"左癖"，而平吴之功，为晋代开国之基。宋之理学，永嘉、永康两派合流而成有明开国之刘基，基之功，尽人所知，无待赘论。其以理学兼战功之王守仁，与夫继承王学，平定倭寇之唐顺之，亦皆赫赫在人耳目，儒家之不相位而著功绩者如此，又乌得谓其全无用哉？外此，复有经术通明，而仕未大遇者，汉则有贾谊、刘向、龚胜、龚舍；文帝如用贾谊之言，决无七国跋扈之忧；成帝如用刘向之言，决无王氏代兴之变；龚胜、龚舍不仕王莽，节概亦高。唐则刘蕡，深于《春秋》三传，虽未及第，观其对策，危言切论，深中时病，使文宗用之，必不致有甘露之变。宋则有陈傅良、叶适、魏了翁诸贤，当时果重用陈、叶，南宋犹可复兴，决不致奄奄以尽；魏了翁位高而未亲，亦不能尽其怀抱，如能重用，亦陈、叶之亚矣。如此，儒家之有效者，不下三十人，乌得概以无用诋之？又安得以失节相诬耶？其他不以儒学名家，而有为之士亦多，借问若辈所读何书，亦曰"经史而已"。以故，但举明末降清之洪、钱二人，以诋儒术，若非有意加诬，则多见其识之陋耳。以上释第一条，竟。

二、胡适素未从事经学，然亦略窥高邮王氏《经传释词》《经义述闻》《读书杂志》数书。高邮解经，虽称辨察，要亦未能穷竟。胡适据王国维之言，以为《诗》有十之二三不能解，《书》有十之四五不能解，不能解如何可读，如读，非待全解不可。于此，余须问胡适者，如适之言，以为高邮王氏配读经耶？抑不配耶？在高邮诸书既出以后，经文可解者十之七，未出以前，可解者未能及十之五，然高邮

高邮二王

当时未尝曰："我不配读经也。"奋志为之，成绩遂过前贤远甚；使高邮亦曰"我不配读经"，则亦终不能解矣。何也？文史之学，本须读过方解，非不读能遽解也。初，念孙十余岁时，其父聘东原戴氏为师，授以经籍，当时东原教此未冠小生，当然卑无高论，是以东原在日，高邮尚无知名，及后自加研究，方能发明如此。昔人云："舜何人也，予何人也，有为者亦若是！"士苟有志，岂可以通儒之业，独让王氏哉？王国维金石之学、目录之学，粗知梗概，其于经学，本非所长，仅能略具常识而已。其人本无意治经，其言岂可奉为准则？正使国维已言不配，若非自甘暴弃，则亦趣向有殊耳，奉以为宗，何其陋也！要之，说经如垦田然，三年然后成熟，未及三年，一年有一年之获，二年有二年之获，已垦二年，再加工力，自然有全部之获，如未及三年而废，则前之所垦，复归芜弃矣。今袭前人之功，经文可解者已十之七，再加群力之探讨，可解之处，何难由七而至八，由八而至九至十哉？高邮创立其法，而有七成可解，今人沿用其法，更加精审，益以工力，经文必有尽解之一日。设全国有一万人说经，集百人之力，共明一条，则可解者已不少矣。假以时日，如垦田之垦熟过半，再加努力，不难有全部之收成，如已垦二年，所收不过一石，即曰"我不配垦田"，岂非怠惰已甚乎？《记》曰："善学者如攻坚木，先其易者，后其节目。"人之精神时日，自有限制，以高邮父子之老寿（念孙九十，引之七十余），其所著书尚不能解释全经，则精神限之也，然其研究之法具在。喻如开矿，高邮父子因资本不足，中途停顿，后人以资本继之，自可完全采获，如胡适所举杨树达已有见端。余虽不及前人，自计所得，亦已不少，况全国学人之众哉？若夫运用之妙，本不待全部了解而后可，得其绪余，往往足以润身经国，如垦田然，非待三年全部收成之后，始堪炊食，得三分之二，或三分之一时，亦尽可为炊而果腹也。庄子曰："鼹鼠饮河，不过满腹。"胡适宁不知此？以上为正告有志研经之士而言。复有为一般人识字而说者：夫读经非止求其义，亦必审其音，所赖《经典释文》作音正确，即宋儒释经，义或粗疏，而音亦无大误。是以前代老生，略称识字者，皆赖读经之功，若散漫求之，虽标音满纸，当时识之，少逝即遗忘矣。胡适自言"我们今日还不配读经"，余以为惟其如此，故今日不得不急急读经！"我们今日还不配读经"一语之下，应补足一句曰："以故今日不得不急急读经。"不然，他人纵不配读全经，亦尚配读《毛诗》一句，而胡适于此，恐终身有望尘弗及之叹矣。以上释第二条，竟。

　　三、读经依古文乎？依今文乎？此一问题，不待繁言而解，如论实事求是，自当依古文为准。然今文经传之存于今者，《公》《榖》而外，仅有《孝经》，《孝经》今古文之异，不可审知，古文既亡，自然不得不取今文矣。其余杂糅古今文者，则有《论语》（今《集解》本古、齐、鲁杂），文虽小异，而大义不至舛驰。《仪礼》亦杂古今文，更于大义无害。若《周易》则用王弼本，弼本费氏，《汉书·艺文志》谓：刘向以中古文《易》校施、孟、梁丘经，或脱去无咎悔亡，惟费氏经与古文同，则王弼本亦古文之遗也。《毛诗》向称古文，其书不出壁中。而云古文者，《小序》述事，与《左氏》相应，传中陈述制度，又与《周礼》相应，是所谓古文说耳。《诗》本赖讽诵上口以传，别无古文真本，但取其为古今说可也。《周礼》《春秋左氏》皆古文，《尚书》真古文不可见，今文亦不可见，然伪孔本文多依《三体石经》，说多依王肃，与今文全不相关，故《尚书》去其伪篇，虽非真古文，亦可谓准古文也。此外《小戴礼记》四十九篇，兼采今古，而文字依今文者多，然《仪礼》今存十七篇，天子诸侯之礼，大抵无存，而时于《戴记》见之，不能以其为今文而不采也。今问读经当依古文乎？今文乎？余则谓古文固当遵守，即古今杂糅者，亦有礼失求野之用，况分别古今，研究派别，乃大学之事，不与中学读经同时乎？以上释第三条，竟。

　　祖耿案：先生此讲第一、二段，专为胡适、傅孟真而发，读者参阅《独立评论》第一四六号，自能判别泾渭，知所适从。至第二段末有词锋过峻处，已请于先生，改从婉讽矣，读者当以意求之。五月二十日，诸祖耿录后附言。

与人论读经书

（一通）

　　再得书，以读经事相质。蒙谓文史诸学与自然科学异，彼书少易记，此文多难记故也。学问之道，虽贵在考索，若无记诵以先之，虽百方证驳，常有得其一而遗十者。宋儒岂不务考索耶？顾所证往往非其证，所驳亦往往有不可驳者，迨后人取故书以相质，而其义忽以堕矣，则记诵不精为之也。其间如洪氏兄弟及王伯厚之伦，起家宏辞，而考索反不失者，以宏辞人记忆精审，不敢卤莽以卒其业尔。明人视宋又弥不逮。杨用修号为精博，及援引经史，则什而失三四；良知之徒又奚论焉？顾宁人先生亲睹其弊，故以车中默诵自课而外，有读经会之设；夜闻张稷若诵《仪礼》，搴裳奉手，唯恐不及，稷若亦卒成大儒。盖宁人所以启清儒户牖者，《音学五书》《日知录》为最著；然握其枢者，读经会也，非是，皮之不存，而毛焉所附乎？近代经学荒废，自中学以下，未尝通《论语》《孝经》。及入大学，乃以经学概论与之强聒，此与沙门上首为老妪讲《华严》何异？其间偶有达者，盖其家庭之教素可凭借耳。不然，虽高朗如颜氏子者，闻师言亦如乍听外国语矣。然所宜诵者，非独经也。四史、《通鉴》及前人别集之属，老生亦常有上口者，顾今日不暇给，且以读经为先尔。若夫记诵已精，考索或不能下一字，斯由天姿朴钝使然，要之，什中亦不过得一二。书籯之诮，昔人固有之，然不以之废诵习也。借令得书籯如李善

《日知录》

者，犹能笺释《文选》，使后人奉为典型，况才高于善者乎？自民国初小学废读经，今已几二十岁。学者或不知大禹、周公，故志失坠，不知其几。及今逆以挽之，犹愈于已。若因循不改，又二十年，吾知汉族之夷于马来也。书不尽意，唯达者察焉。

章炳麟白

三月二十五日（一九三六年）

中学读经分年日程

（一九三六年三月二十五日）

每年以实足二百四十日计，每半年以实足一百二十日计。

初中前一年半，每日读一百字，计三万六千字。

《论语》。一万六千字。

《孝经》。一千七百字。

《孟子》。选读其半，一万六千余字。

初中后一年半，每日读一百五十字，计五万四千字。

《少仪》《学记》《大学》《儒行》。约七千余字。

《尧典》《禹贡》《甘誓》《汤誓》《牧誓》《无逸》《顾命》《费誓》
《秦誓》。约一万一千字。

《诗经》。约三万四千字。

高中前一年半，每日读二百字，计七万二千字。

《周礼》。除《序官》，约四万二千字。

《丧服》。约五千字。

《左传》。选读，一万五千字。

高中后一年半，每日读二百五十字，计十万八千字。

《左传》。选读，十万八千字。

右凡经传中诘屈难读者，玄奥难解者，不合历史者，悉已汰去，并省
重赘非要之科目，使之读经，但令略解大义，讽诵上口，亦自绰然有

余。然后升入大学，为讲汉、唐及清儒经说，不患无从入之路。至于删落经文，事近割裂，然《群书治要》已有此例，今虽删落过半，然未尝破析篇章，犹胜于《治要》也。

图书在版编目(CIP)数据

章太炎讲经学/赵四方编.—上海:上海人民出
版社,2021
(章太炎讲述系列)
ISBN 978-7-208-17336-1

Ⅰ.①章… Ⅱ.①赵… Ⅲ.①经学-文集 Ⅳ.
①Z126.27-53

中国版本图书馆 CIP 数据核字(2021)第 184332 号

责任编辑　　邵　冲
封面设计　　赤　徉

章太炎讲述系列

章太炎讲经学
赵四方 编

出　　　版　上海人民出版社
　　　　　　 (201101　上海市闵行区号景路 159 弄 C 座)
发　　　行　上海人民出版社发行中心
印　　　刷　浙江新华数码印务有限公司
开　　　本　889×1194　1/32
印　　　张　6
插　　　页　2
字　　　数　134,000
版　　　次　2021 年 11 月第 1 版
印　　　次　2021 年 11 月第 1 次印刷
ISBN 978-7-208-17336-1/B·1578
定　　　价　50.00 元